Carl Semper, Gustav   Karsten

Die Philippinen und ihre Bewohner

Sechs Skizzen

Carl Semper, Gustav Karsten

Die Philippinen und ihre Bewohner
Sechs Skizzen

ISBN/EAN: 9783337198688

Hergestellt in Europa, USA, Kanada, Australien, Japan

Cover: Foto ©Suzi / pixelio.de

Weitere Bücher finden Sie auf **www.hansebooks.com**

Die
Philippinen und ihre
Bewohner.

Sechs Skizzen.

Nach einem im Frankfurter
geographischen Verein 1868
gehaltenen Cyclus von Vorträgen.

Von **Dr. C. Semper,**

Prof. extr. in Würzburg.

Würzburg.

A. Stuber's Buchhandlung.

1869.

Meinem lieben Schwager

Moritz Herrmann

in Manila
dem thätigen Beförderer meiner wissenschaftlichen Bestrebungen
widme ich diese Blätter
in

dankbarer Freundschaft.

Mein lieber Moritz.

Als wir uns vor 4 Jahren trennten, versprach ich Dir, Deinen

Namen einer Reisebeschreibung voranzusetzen. Doch »in der Zukunft d. h. der Verleger dunklem Schoosse« ruht noch immer die versprochene Arbeit, ungewiss ihres zukünftigen Geburtstages; darum biete ich Dir heute nur diese leichte Waare an. Deutlich tragen die folgenden Skizzen den Charakter der frei gehaltenen Vorträge an der Stirn. Sollte es mir gelungen sein, dennoch durch die Verschmelzung eigener Anschauung mit fremden Angaben ein übersichtliches Bild von dem Lande und seinen Leuten, den Wechselbeziehungen ihrer geschichtlichen Entwickelung und der natürlichen Verhältnisse des Bodens und seiner Erzeugnisse entworfen zu haben, so wurde dies mich trösten bei dem Vorwurf, den Du mir vielleicht machen wirst, in diesen Skizzen allzusehr den Reisenden vernachlässigt zu haben.

Sage den Palmen, ehe auch Du ihr Land verlässt, dass ich ihrer in treuer Liebe gedenke.

W ü r z b u r g , im Mai 1869.

Dein Freund und Schwager

C. Semper.

I.

Die Vulcane der Philippinen.

Fast in gerader Linie von Nord nach Süd ziehen sich die
philippinischen Inseln von Formosa an hinunter bis nach Borneo
und den Molucken. Von der Südspitze Formosa's durch einen etwa
40 Seemeilen breiten Canal getrennt schliessen sich die kleinen
Inseln der Provincia de B a t a n e s an die schon zum Theil zu
Luzon gehörenden und die Gestalt dieser Insel in ihrer Gruppirung
andeutenden B a b u y a n e s an. Von fast viereckiger Form, mit
parallelen, von Nord nach Süd streichenden östlichen und
westlichen Küsten zieht sich L u z o n , die grösste Insel der
Philippinen (2000 geogr. Quadratmeilen), vom 19. bis zum 14.
Breitengrade herunter und biegt sich dann plötzlich in fast ganz
östlicher Richtung um. Durch Meeresarme und Buchten in
zahlreiche schmale Halbinseln und Landzungen zerspalten scheint
dieser südlichere Theil von Luzon aus einer Menge kleinerer Inseln
zusammengesetzt zu sein und lehnt sich so in natürlichster Weise an
die zahlreichen Inseln an, welche man gewöhnlich unter dem
Namen der »Islas Visayas« oder der »Islas de los Pintados« (der
tättowirten Menschen) begreift. Unter diesen, deren Zahl mit
Einschluss der kleineren Inseln viele Hunderte beträgt, fallen die
beiden südlichsten leicht in die Augen: die langgestreckte
P a l a w a n oder P a r a g u a der Spanier, welche von Borneo's
Nordspitze (in 7° N. Breite) nur durch einen schmalen Meeresarm
getrennt eine enge Beziehung zwischen dieser und den
philippinischen Inseln anzudeuten scheint, und dann am Meisten
gegen Osten vortretend M i n d a n a o oder M a g i n d a n a o , die
grösste Insel der Philippinen nach Luzon (1600 geogr.
Quadratmeilen). Mit ihrer südwestlichen Spitze (Zamboanga) lehnt
sie sich durch die Inselkette von B a s i l a n und den Sulu-Inseln
ebenfalls an eine östlich vorspringende Landzunge Borneo's an,
während die südöstliche Spitze Mindanao's, die P u n t a
S e r a n g a n i in 5° 80′ N. Br. durch die Inselkette, welche Sanguir,
Siao &c. angehören mit Celebes, durch die Salibabo-Inseln mit

Gilolo verbunden ist. So schliesst der Archipel der Philippinen den nördlichen Theil des stillen Oceans mit seinen östlichen Strömungen von der durch ihre Wirbelstürme berüchtigten chinesischen See ab und gestattet eine Verbindung beider Meere unmittelbar nur durch den nördlichen ziemlich breiten Canal zwischen Luzon und Formosa, mittelbar durch die Strassen von S. B e r n a r d i n o und von S u r i g a o, und die in mehr als einer Beziehung wichtige Strasse von C e l e b e s. Gänzlich innerhalb des Tropengürtels und in einem Grenzgebiete zwischen den Monsuns und dem NO. Passat des stillen Meeres gelegen, mit unendlich reicher Küstenentfaltung, wie sie nur wenigen begünstigten Ländern der Welt eigen ist; mit langgestreckten Bergketten von 3–4000' mittlerer Kammhöhe und bis zu über 9000' ansteigenden Berggipfeln und isolirten Feuerbergen; mit einer durchschnittlichen mittleren Jahrestemperatur von 21° R. und mittleren Extremen von 19–23° R. und einem mehr als 70 % betragenden mittleren Feuchtigkeitsgehalt der Atmosphäre; von zahlreichen Flüssen und Bächen durchfurcht und mit grossen Landseen in den ausgedehnten Ebenen oder tief versteckt zwischen den Bergen—so besitzen die Philippinen alle Momente zur üppigsten Entfaltung tropischer Vegetation und Scenerien. Und in der That reihen sich diese Inseln in solcher Beziehung durchaus würdig den gefeiertsten Gegenden tropischer Länder, wie Brasilien, Java und Ceylon an. Vom dunklen Grün der tropischen Laubwälder stechen die Fichtenwaldungen der hohen Berggipfel in ihrem düstern einförmigen Ton ab—hier vermählt sich der Tannenbaum mit der Palme—und in den Thälern den Flüssen entlang zieht sich ein schwarzer Streif, der Wald der Casuarinen hin. Halb unter den Cocospalmenhainen versteckt liegen die Städte und Dörfer zwischen dem heiteren lichten Grün der Reisfelder und der Zuckerplantagen und alle die Bäume des Waldes und die Sträucher der Gärten schmücken sich mit blendend gefärbten Blumen und Früchten. Die Schönen des Landes scheinen diesen die Kunst abgelauscht zu haben, sich in den grellsten, blendendsten Farben zu kleiden, ohne unseren Augen wehe zu thun, und es steht der Reichthum der Farben, mit denen sich die Pflanzen und Thiere, wie auch die Menschen schmücken, in vollster Harmonie zu der Fülle des Lichtes, welche eine tropische Sonne selbst durch Wolken hindurch ihrer geliebten Erde zusendet.

Aber unter diesen Blumen ruht auch hier die Schlange, bereit zum Sprunge und zum giftigen Bisse, und hier so wenig wie anderswo ist dem Menschen ungestörter friedlicher Genuss gewährt.

Schreckliche Krankheiten, Pocken und die asiatische Cholera, diese Geissel der modernen Menschheit, decimiren die bevölkerten Städte und Dörfer; Wanderheuschrecken, welche wolkengleich den Himmel verfinstern, verheeren die Saat und es folgt ihnen Theuerung und Hungersnoth nach; beim Wechsel der Monsune überschwemmen die angeschwollenen Giessbäche das Land und wenn der Indier sich in seinen Holzhütten oder Steinhäusern von der verheerenden Fluth glücklich gerettet wähnt, so sieht er sich unter den Trümmern seines Hauses durch ein Erdbeben begraben oder in der Gluth der Aschenregen eines neu ausbrechenden Vulcanes erstickt.

Wir wollen aus der Reihe der hier angedeuteten Phänomene den Feuerbergen der Philippinen, wie der Eingeborne die Vulcane nicht ganz richtig nennt, etwas mehr Aufmerksamkeit schenken.

Auf der südlichsten Landspitze von Mindanao, der schon genannten Punta Serangani liegt der längst bekannte Vulcan S e r a n g a n i oder S a n g u i l,[1] wie ihn einige der früheren Geschichtsschreiber und Seefahrer nennen, denen er beim Einlaufen in die Strasse von Celebes als fester Leuchtthurm gedient hat. Ihm schliessen sich auch den allerdings vielfach sich widersprechenden Angaben der spanischen und englischen Autoren zwei andere Vulcane an, deren einer, der Vulcan von S u j u t, nahe der Bahia de Illanos, etwa 8–10 Seemeilen von dem Orte gleichen Namens liegen soll, während der dritte nur von wenigen Seefahrern früherer Zeiten gesehene Vulcan dicht bei dem Dorfe D a v a o, dem jetzt auf den spanischen Karten V e r g a r a genannten Orte in der Bucht gleichen Namens (T a g l o c der älteren Karten) liegt. Von dem ersten, dem Sanguil oder besser Serangani—da der erste Name wahrscheinlich auf einem Missverständniss beruht, und jetzt gänzlich verloren gegangen ist—ist nur ein einziger historisch beglaubigter Ausbruch bekannt; es ist der vom 4. Januar 1645 (oder 1641?). An demselben Tage sollen noch ein anderer Vulcan auf einer kleinen Insel der Sulu-Gruppe und ein dritter auf Luzon selbst, der auch auf Darwins bekannter Karte[2] angegebene Vulcan von Aringay oder Mte. Sto. Tomas im Golf von Lingayen zum Ausbruch gekommen sein. Beide sind jetzt jedenfalls als ruhende Vulcane zu bezeichnen, während der Vulcan von Serangani auch noch auf den neuesten Karten als activer Feuerberg bezeichnet wird. Nicht ganz genügend lassen sich die widersprechenden Nachrichten über die beiden andern Vulcane vereinigen. Während d i e s e r Reisende nur den Vulcan von Davao, ein a n d e r e r jenen von Sujut (oder Pollok) gesehen zu haben meint, sprechen abermals Andere von einem feuerspeienden Berge, den sie zwar vom Hafen von Pollok aus—also in der Nähe der Illanosbucht—gesehen haben wollen, während sie ihm doch seine Lage in der schon oben erwähnten Bahia de Tagloc[3]—dem Meerbusen von Davao—zuweisen. Wäre die Meinung der letzteren richtig, so würden somit der Vulcan von Sujut und von Davao in einen zusammenfallen. Aus eigener Anschauung kann ich leider nur über den von Davao berichten: doch kann auch ich mich nicht rühmen, meinen Fuss auf seinen Boden gesetzt zu haben; denn nur aus grosser Entfernung konnte ich seinen Doppelkegel erblicken. Lange schon hatte ich mich bemüht, genaue Nachrichten von den spanischen Priestern und Beamten über Mindanao einzuziehen; im Jahr 1859 hatte ich einen vergeblichen Versuch gemacht, von Zamboanga an der Südwestspitze der Insel aus, tiefer in die ganz von Muhamedanern bewohnten Gegenden der Südküste einzudringen, und auch im Jahr 1864, dem letzten meines Aufenthaltes auf den Philippinen, war es mir unmöglich einen genaueren Reiseplan über ein Vordringen vom Norden[4] her zu entwerfen, da alle specielleren Anhaltspuncte zur Fixirung eines solchen fehlten. So wurde ich denn auch durch die Schwierigkeit des Vordringens so lange aufgehalten, und die entworfene Reiseroute zuerst durch die Cholera, nachher an der Ostküste von Mindanao durch eine Expedition von Piraten dergestalt verändert, dass ich wegen Mangels an Schuhen vom weiteren Vordringen über die unwegsamen Wege des Innern abstehen musste, als ich schon den nach der Messung eines spanischen Officiers etwa 8000′ hohen Berg in ungefähr 30–40 Seemeilen Entfernung vor mir liegen sah; und ich musste mich mit dem Bewusstsein begnügen, seine geographische Lage wenigstens annähernd soweit bestimmt zu haben, dass eine ähnliche Bestimmung des von Pollok aus gesehenen Berges Aufschluss über die oben geäusserten Zweifel geben würde.

Gänzlich von dem Dreiecke, welches so die activen Vulcane Mindanao's bilden, getrennt, liegt ein anderer Vulcan auf der zu den Visaya's gehörenden Insel N e g r o s , von dessen Vorhandensein kein Reisender und keine Karte[5] etwas weiss. Den Nachrichten, welche ich über ihn von einem gebildeten in I l o i l o auf P a n a y , einer gerade Negros gegenüberliegenden Insel, residirenden Engländer erhielt, würde ich kaum, trotz der hohen

13

Glaubwürdigkeit des Mannes, Beachtung geschenkt haben, wenn ich mich nicht selbst von der Wahrheit seiner Angaben überzeugt hätte. Leider konnte ich auch diesen Vulcan nur aus der Ferne sehen. Sein stark rauchender hoher Kegel ragt weit über die niedrigen Kalkberge der benachbarten Insel Cebú empor, so dass er bei günstiger Witterung in dem weiten Canal zwischen B o h o l und C e b ú zu erblicken ist. Nach Schätzung muss er eine Meereshöhe von mindestens 5000′ erreichen.

In weiter Entfernung von den bisher behandelten Vulcanen tritt nun auf dem langgestreckten südlichen Theile von Luzon eine Kette von Feuerbergen auf, deren südlichster der Vulcan von B u l u s a n die äusserste südöstliche Spitze von Luzon bezeichnet. Auch von ihm weiss man kaum mehr, als dass er zu den activen Vulcanen gerechnet werden muss; denn er sowohl, wie der etwas nördlicher liegende Vulcan von A l b a y haben den sich von Osten her nahenden Seefahrern von jeher als Leuchtthurm bei der Einfahrt in die Strasse von S. Bernardino gedient. Beide sind von beträchtlicher Höhe, der erste von etwa 5000, der Vulcan von Albay oder der M a y o n von über 7000′ Meereshöhe. Zahlreiche heftige Ausbrüche haben diesen letzteren, welcher in seiner äusserst regelmässigen conischen Gestalt als ein wahres Muster feuerspeiender Kegelberge dienen kaun, verrufen und gefürchtet gemacht. Unter den 7 in den Geschichtsbüchern registrirten Ausbrüchen[6] sind es die beiden vom 24. October 1767 und vom 1. Januar 1814, welche durch ihre Schlammausbrüche oder Lavaströme und die vorausgehenden Erdbeben viele Dörfer rings um den Fuss des Berges zerstörten und Hunderten von Menschen das Leben raubten. Das Geräusch der Detonationen hörte man in Manila wie nahen Kanonendonner, und die Asche fiel hier so dicht, dass sie eine Schicht von 18 Linien Dicke auf dem Erdboden bildete. Aber der Mensch gewöhnt sich hier, wie überall, leicht an die Schrecken der ihn umgebenden Natur; und über die Trümmer seines Hauses schlägt der Bewohner sein leichtes aus Palmblättern gewebtes Dach und lebt in ihnen sorglos und rasch beruhigt sein friedliches Leben weiter.

Ganz anders, als die bisher betrachteten Vulcane, die alle bis zu bedeutender Höhe in regelmässigster Kegelform aufsteigen, entzieht sich der dritte der Vulcanenreihe Süd-Luzon's, der berüchtigte T a a l ganz den Wirken der Reisenden. Mag man auf dem Seewege von Manila her mit einem kleinen regelmässig fahrenden

Küstendampfer um die Provinz C a v i t e herum am Dorfe T a a l in der Provinz B a t a n g a s landen, oder sich ihm auf dem Landwege durch den R i o d e P a s i g und die herrliche L a g u n a d e B a y über L o s B a ñ o s und T a n a u a n zu nähern versuchen, immer erblickt man ihn erst, wenn man schon am Ufer des Sees gleichen Namens [auch genannt Laguna de Bombon[7]] steht. Mitten in diesem sehr tiefen See—der nur ein durch die schwache Erhebung eines aus vulcanischem Tuff gebildeten Dammes abgesperrter Meerbusen[8] zu sein scheint—liegt in dreieckiger Gestalt eine Insel mit ihrer breiten Nordseite dem Dorfe T a l i s a y zugekehrt, und ungefähr in ihrer Mitte der jetzt active beständig rauchende Krater mit seinen kaum mehr als 600′ sich über dem See erhebenden Kraterrändern. Vor ihm zeigt die Nordostspitze der Insel eine Anzahl steil ansteigender, mit hohem Grase und krüppelhaften Bäumen bewachsener stark gefurchter Hügel, welche den nördlichen Fuss des Vulcan's so verdecken, dass man die Lage des Kraters nur an der Ausdehnung der zwischen den Kraterwänden aufsteigenden Rauchsäule erkennt. Die nordwestliche etwas vorspringende Spitze wird von einem jetzt gänzlich erloschenen regelmässig kegelförmigen Vulcane, dem B i n i n t i a n g g r a n d e gebildet, während der auch in den Geschichtsbüchern erwähnte B i n i n t i a n g c h i q u i t o (der kleine Binintiang) die nach dem Süden hindeutende dritte Spitze der Insel bezeichnet. Ausbrüche dieses Vulcanes finden sich 11 verzeichnet, die aber nicht alle aus demselben Krater stattfanden. Zwei zweifelhafte Ausbrüche werden in den Jahren 1634 und 1645 erwähnt ohne Angabe des Kraternamens, von 1707–1733 wechselten die beiden Binintiang's mit einander ab, bis endlich 1749 der mittlere Krater zum Ausbruch kam, der jene beiden zum Schweigen bringend von nun an bis in neuere Zeit hinein die Rolle übernahm, in der erstickenden Asche den Bewohnern der nahen Dörfer Tod und Segen[9] zugleich zu bringen. Sein furchtbarster Ausbruch geschah am 2. December 1754; Erdbeben kündigten ihn an. Am nächsten Tage erfolgte die Eruption mit entsetzlichen weit hin in allen Provinzen gehörten Explosionen und einem Aschenregen, der viele Stunden lang anhaltend bis in die nördlichsten Gegenden Luzon's hingetragen wurde, während er die 4 bevölkerten Dörfer T a a l , L i p a , T a n a u a n und S a l a vollständig zerstörte. Nur die Ruinen der steinernen Gebäude, der Kirchen und Convente dieser Orte ragen noch zwischen neu aufgewachsenen Palmen- und Bambushainen am Ufer des See's aus der festgewordenen Asche hervor.

Zahlreiche Erdbeben, welche seitdem die Bewohner der Hauptstadt Manila aus ihrer Ruhe schreckten und deren stärkstes am 9. Juni 1863 viele Privathäuser und die meisten der öffentlichen Gebäude in Ruinen legte, lassen sich wohl mit Sicherheit auf diese nah gelegene Quelle unterirdischer Wühlereien zurückführen.

Hier legten mir zum Glücke weder Piraten, noch meine Schuhe irgendwelche Hindernisse in den Weg, so dass ich nach hinreichender Ausrüstung mit Lebensmitteln, Aexten und Tauen den lange beabsichtigten Besuch der Insel ausführen konnte. Am Nordrande der Insel gelandet, an welchem eine kleine Fischerhütte mich mit meinen zahlreichen Begleitern aufnehmen musste, bestieg ich am Nachmittag desselben Tages noch den nördlichen Kraterrand, welcher in etwa 400′ mittlerer Höhe steil in den etwas ovalen und von Süden her durch einen vorspringenden Berg in zwei Hälften getheilten Krater abfällt. Ein günstiger Nordwind trieb den aus dem Schlot des vielfach zerrissenen Eruptionskegels[10] aufsteigenden Rauch nach Süden. Ueberall durchzogen Spalten das Erdreich, das aus loser nur an der Oberfläche zusammengebackener Asche bestand, und aus vielen derselben drang ein nach schwefliger Säure riechender Dampf aus den Fumarolen hervor. Da ich in wenig Tagen hier den Besuch von Freunden und ihren Damen erwartete, so recognoscirte ich nur mit dem Fernrohr die Kraterwand, ohne weiter ein Hinabsteigen an dieser nördlichen hohen Seite zu versuchen. Obgleich ich mich dabei immer hart am Rande des Kraters bewegte, so hatte ich doch mehr Glück als ein Spanier von Manila, welcher wie so manche Andere an dieser Stelle heraufgestiegen war, um sich einmal das »purgatorio« mehr aus der Nähe anzusehen. Diese Neugier aber kam ihm theuer zu stehen. Das Erdreich am Rande des Kraters hielt ihn nicht—ich weiss nicht, ob seine Corpulenz oder seine Sünden ihn so schwer wiegen liessen—es gab nach, und auf einem Aschenblock reitend kam er nach blitzesschneller Fahrt im Grunde des Kraters an und blieb hier dicht vor einem rauchenden und von Gyps, Schwefel, Alaun und anderen Stoffen angefüllten Sumpf liegen, welcher die ganze nördliche und nordwestliche tiefste Seite des Kraters ausfüllt. Der weiche Boden hatte ihn etwas warm, aber doch weich gebettet, so dass er nur schwefeldurchräuchert, aber mit heilen Gliedern davon kam. Nach mehrstündigem Aufenthalt im Krater wurde er von seinen Begleitern mit Stricken wieder hervorgeholt. Die Geschichte schweigt darüber, ob er je wieder den Versuch gemacht hat, sich während seines Lebens dem Fegefeuer zu nähern.

Dort wo der südliche Kraterrand zu der höchsten, etwa 600′ über dem See liegenden und etwas in den Krater vorspringenden Spitze ansteigt, bemerkte ich gegen Westen einen tiefen Einschnitt in die geschichteten trachytischen Wände des Berges, in welchem die Einfahrt am leichtesten möglich zu sein schien. Nach Berathung mit meinen Leuten gingen wir am nächsten Morgen um den Binintiang grande herum an die südwestliche Küste, wo ebenfalls am flachen und von hohem Grase (cogon) und einzeln stehenden Bäumen bewachsenen Ufer eine Hütte stand. Ein nicht ganz eine Stunde dauernder Marsch brachte mich zunächst auf dem Rücken eines Höhenzuges entlang an tiefen Spalten und einigen grossen conischen Löchern vorbei, dann über ein weites Aschenfeld hin, in welchem das Gehen im höchsten Grade beschwerlich war und endlich über einen kleinen Hügel hinweg an den Südwestrand des Kraters. Mein Führer hatte den Weg vortrefflich ausgesucht, denn wir kamen genau an der Stelle an, die ich ihm am Tage vorher bezeichnet hatte, am Anfange des Spaltes, welcher mir von dem zur Regenzeit herabfallenden Regen in die Wand des Kraters eingeschnitten zu sein schien. Das jetzt gänzlich trockene Bette des Baches führte uns ziemlich steil, an zahlreichen Fumarolen vorbei, dem Krater zu. Leider setzte ein senkrechter Absturz und die einbrechende Nacht meinem Weiterdringen für diesmal ein Ziel. Am nächsten Morgen wurden nun aus rasch geschlagenen Bambusrohren Leitern zusammengebunden und mit diesen ausgerüstet, machten wir Nachmittags einen zweiten Versuch in den Krater zu gelangen. Der erste Absturz von etwa 30′ wurde glücklich überwunden, aber bald sahen wir uns, immer in dem erwähnten Bachbette niedersteigend, vor einem zweiten ebenso hohen Abhang und nachdem wir auch hier eine zweite der Leitern aufgestellt hatten, sahen wir uns nun zum dritten Male durch die senkrecht abstürzende Wand aufgehalten. Es stand uns noch eine dritte Leiter zu Gebote, die mittels eines Taues herabgelassen wurde, aber sie reichte kaum bis zur Hälfte zu uns herauf. Wir hatten sie durch ein Loch, welches von dem niederstürzenden Regen in den Boden der Schlucht eingefressen, direct in den Krater führte, herabgelassen. Mein Diener Mariano, ein munterer und zu allen gewagten Unternehmungen bereitwilliger Tagale, liess sich am Taue durch das Loch hinunter; als ich ihm aber folgen wollte, konnte ich wegen der grösseren Breite meiner Schultern nicht hindurch. So musste ich ihm die Freude gönnen, mir am Abend von ihm als einzigem Besucher des Kraterbodens genaue Berichte geben zu lassen über seine Beobachtungen in dem »Purgatorio«. Leid thaten ihm dabei nur seine blossen Füsse, die ziemlich versengt waren; doch tröstete er sich leicht in der Ansicht, dass er nun doch vor allen Anderen hoch begünstigt sei, da er auf seinem Wege zum Himmel die Qualen des Fegefeuers noch bei Lebzeiten durchgemacht habe.

Am 3. Tage, dem 30. April 1859, endlich gelang es mir mit Hülfe einer nahe an 70' langen Leiter, die ich am äusseren Rande der Spalte, jenseits jenes Loches, welches mich den Tag zuvor am Hinabsteigen gehindert, aufgestellt hatte, in den Krater selbst zu kommen. Vereinzelte Grasbüschel wuchsen auf dem völlig schwarzen Erdboden—an der Südwestseite des Kratergrundes,—der gänzlich aus Asche und zahlreichen Schlackenstücken zu bestehen schien. Gegen Norden sich schwach senkend, veränderte der Boden mehr und mehr seine dunkle Farbe in Braun und Gelb, zugleich wurde er weicher und es trat bald eine Kruste von gelbgefärbten Gypskrystallen auf, die man mit einer etwas festeren grauen Masse von Thon von dem darunter liegenden graulich gefärbten dicklichen Thonbrei abheben konnte. Weiter gegen den erwähnten rauchenden Schwefelpfuhl zu, nur noch etwa 50 Schritte von ihm entfernt, wurde der Boden so schlammig und zugleich dabei so heiss, dass ich von weiterem Vordringen abstehen musste. Mariano tanzte dabei mit seinen blossen Füssen hin und her, wie ein kleiner hier einheimischer Teufel, da er wegen des heissen Bodens nie länger als einige Secunden auf demselben Flecke stehen bleiben konnte. Nun wandte ich mich der Südseite des Kraters zu, wo die weisse aus festem trachytischen Gestein bestehende Kraterwand, von zahllosen Fumarolen durchbrochen, dem Südfusse des aus mehreren halb isolirten Hügeln bestehenden Eruptionskegels entgegen tritt. Ueberall brach heisser Wasserdampf hervor, bald in continuirlichen Strömen bald in regelmässig sich folgenden Stössen, wie der Dampf einer Hochdruckmaschine entweicht. Ueberall wo solcher Dampf hervorbrach, waren die Wände weiss und gelblich gefärbt. Weiter gegen Osten zu traten zwei Sandhügel in die Ebene des Kraters hinein, die sich durch das Abwaschen der Kraterwände gebildet hatten; hier war die Dampfentwicklung noch stärker und hier traten auch an einzelnen Stellen kleine Bäche kochenden Wassers aus. Nun bogen wir nach Nordosten um, dem Eruptionskegel zu. Zwischen ausgetrockneten Wasserpfützen, in deren Mitte sich immer eine kleine Erhöhung befand und deren Umkreis durch weisse Färbung ausgezeichnet war; durch Rinnsale hindurch kam ich nach Zurücklegung von einigen Hundert Schritten an eine kleine Erhöhung, die ein tiefes von rauchendem Schlamm angefülltes Loch enthielt, mit senkrecht abfallenden weiss und gelb gefärbten inneren Wänden. Hier trat mir schon der Schwefeldampf, den mir der Wind gerade in's Gesicht trieb, hindernd in den Weg, doch ging ich weiter dem Rande des eigentlichen Schlotes zu, der nur noch einige Hundert Schritte vor mir lag. Ein erster Versuch, ihn zu erreichen, schlug fehl; heftiger Schwefeldampf zwang mich zur schleunigen Umkehr. Meine tagalischen Begleiter schienen es besser vertragen zu können, sie schritten hustend weiter und langten schon oben am Rande an, als ich noch unten schnaufend stand, mich zu einem zweiten Versuch zu erholen. Nun ging es laufend den Abhang hinauf, und die Risse und Spalten überspringend dem Rande zu, den ich auch glücklich erreichte; aber nur einen flüchtigen Blick konnte ich in den von kochendem milchweiss gefärbtem Wasser erfüllten Schlot werfen. Die Oberfläche der kochenden dampfenden Masse mochte etwa 30–40′ tief unter meinen Füssen liegen, niedriger, wie es schien, als die heissen kochenden Quellen, welche an der Südseite des Kratergrundes ausbrachen. Links gegen Südwesten von diesem Loch lag noch ein kleineres, dessen Wände ziemlich viel höher waren, als der Kegel auf dem ich stand. Leider konnte ich diesen wegen des heftigen dort hingetriebenen Schwefeldampfes nicht erreichen.

Wir hatten uns jetzt schon 3 Stunden lang im Krater herumgetrieben, uns Allen that die Brust heftig weh und den zwei Dienern, die mir gefolgt waren, waren die Füsse halbversengt; dazu brannte jetzt die Mittagssonne senkrecht auf unsern Scheitel und der Wind brachte uns statt Kühlung nur heisse Schwefeldämpfe; so enteilten wir, so schnell wir konnten, diesem heissen Aufenthalte, und kletterten auf unserer Leiter dem Lagerplatz in der Schlucht zu, wo die übrigen Leute zurückgeblieben waren. Diese waren verschwunden, alles Wasser hatten sie uns ausgetrunken und ebensowenig Essen für uns bereitet. Wir lagerten uns und schützten uns durch ein Segeltuch, so gut wir konnten, gegen die brennende Sonne; wir warteten eine halbe Stunde, und noch eine, aber Niemand kam; endlich machte ich mich in Verzweiflung auf, die Schlucht emporzuklettern und fand denn auch hier ausserhalb des Kraters meine Leute in süssem Schlaf versunken. Ich schickte sie scheltend hinunter, und als ich nach Vollendung einiger Skizzen wieder hinabstieg, fand ich endlich mein Essen zubereitet.

Nun packten wir die gesammelten Steine und übrigen Sachen zusammen, um unsern Rückmarsch anzutreten, und ich hatte eben noch die letzten Anordnungen gegeben, wie am nächsten Tage neben den Leitern auch Bambusrohre angebracht werden sollten als Stützen für zarte Hände; da brachten mir, während ich noch in der Kraterschlucht war, Leute, die ich gestern nach Tananau beordert hatte, einige Briefe, welche mir anzeigten, dass die erwarteten Freunde und mit ihnen auch die Damen nicht kommen konnten, die ich doch so gerne im Krater des Vulcanes bewirthet hätte. Traurig über dies gestörte Vergnügen wanderte ich heim. Und als ich dann am nächsten Tage, ehe ich die Insel verliess, noch einmal dem Gipfel des Binintiang grande und seinem Krater einen flüchtigen Besuch abgestattet hatte, knickte mir mein Fuss beim raschen Heruntersteigen am steilen Abhang so heftig um, dass ich eine starke Entzündung davon trug, die mich in einem Häuschen am Ufer des See's 3 Tage hindurch an das Bett fesselte. Es war, als wollte mir der in seinem Heiligthum gestörte Geist des Vulcan's noch zuletzt eine leichte Strafe für mein vermessenes Beginnen geben.

———————

Gänzlich von der Reihe dieser lebenden Vulcane Süd-Luzon's getrennt treten nun im äussersten Norden der Inselgruppe auf kleinen Raum zusammengedrängt 4 Vulcane auf, von denen zwei schon seit alter Zeit her bekannt sind und wie der Serangani im Canal von Celebes, so hier im Bashee-Canal jenen vom Süden kommenden Schiffen als Signal gedient haben, welche auf ihrem Wege nach China gegen den Nordost-Monsun an die östliche Passage durch den stillen Ocean zu nehmen pflegten. Es sind dies der, wie es scheint in beständiger Eruption befindliche Vulcan auf B a b u y a n   C l a r o, und der jetzt schon im Solfataren-Zustande ruhende Vulcan von Camiguin, der südöstlichen Insel der B a b u y a n e s. Ihm gegenüber liegt ein anderer feuerspeiender Berg dicht unter dem Cabo Engaño in C a g a y a n, der nördlichsten Provinz Luzon's. Es ist der auf den neuesten spanischen Karten[11] als M.-Cagua bezeichnete Berg, aus dessen nach einer Messung des D. Claudio Montero 2489 par. Fuss hohem Gipfel ich selbst im October 1860 eine Rauchwolke aufsteigen sah, als ich in A p a r r i, dem Hafenorte des R i o   G r a n d e   d e   C a g a y a n, auf eine

Reisegelegenheit nach Manila wartete. Die beiden schon genannten Vulcane mögen nach roher Schätzung etwa 3000′ hoch sein. Dem vierten endlich habe ich einen Namen geben zu müssen geglaubt, der den Seefahrern nicht unbekannt ist; es ist die auf der beiliegenden Karte als Vu l c a n D i d i c a bezeichnete Insel, welche zwischen den längst bekannten und sehr gefürchteten Didica-Klippen[12] (e s c o l l o s D i d i c a) in den letzten Jahren neu entstanden ist. Als ich im Herbste 1860 nach Camiguin überfuhr, mit der Absicht hier zu überwintern und zootomische Studien an Thieren des Meeres und des Landes zu machen, um dann im nächsten Jahre mit den im Mai eintretenden Windstillen meine Reise über Babuyan Claro nach den kleinen Batanes oder Bashee-Inseln fortzusetzen, erhielt ich von einem spanisch sprechenden Bewohner der Insel genauen Bericht über einen Vulcan, der sich gegen Ende des Jahres 1856 im Meere erhoben haben sollte. Ich citire genau hier die Worte meines Tagebuches. "1856 etwa im September oder October sahen sie (die Eingebornen) Morgens früh zwischen 2 Klippen, die ihnen lange bekannt, hoch und schroff aus dem Wasser emporragten, Rauch aufsteigen, den sie zuerst für ein Schiff hielten. Er schwamm als leichte Wolke dicht über dem Wasser, allmälig erhob sich diese mehr und mehr und schliesslich trat eine dichte Rauchwolke senkrecht empor. Es schien, als ob ein grosser Theil nach allen Richtungen sich ausbreitend wie ein Schirm dicht dabei wieder niederfiele und eine kleine Insel bildete, die sich allmälig durch solches Aufschütten vergrösserte. In der Nacht zuvor hatten sie nur ein heftiges Gewitter mit Windstössen bemerkt, aber kein Erdbeben. Im Jahre 1857 fand ein sehr heftiger Ausbruch statt mit heftigem Erdbeben. An demselben Tage, an welchem sich 1856 der Ausbruch (der vulcanischen Masse) über die Wasserfläche erhob, stürzte die obere Hälfte der beiden Klippen Didica ein, zwischen denen jener Ausbruch stattgefunden hatte. Seitdem ist der Vulcan in beständigem Arbeiten, und er hat sich nach Aussage der Leute zu einer bedeutenden Höhe erhoben, die sie mit derjenigen des Berges von Camiguin verglichen." Angespornt durch diese Erzählung, begab ich mich an die Ostküste der Insel, um zu sehen, ob es mir nicht, trotz der vorgerückten Jahreszeit— im September—und der mit dem Wechsel der Monsune eintretenden Stürme gelingen möchte, diesem jungfräulichen schaumgebornen Vulcane einen ersten Besuch abzustatten. Leider fand ich mich, wie in Mindanao durch den Mangel der Schuhe, so hier durch den stürmischen Seegang verhindert, mich der Gefahr auszusetzen in der Umgebung des Vulcans gebraten zu werden. Die Eingebornen waren auf keine Weise zu einem solchen Wagestück zu bewegen. So musste ich mich mit einem sehnsüchtigen Blick auf den Vulcan und einer Messung des Elevationswinkels des aufgeworfenen Berges begnügen, dessen Berechnung bei Annahme der auf einer Karte des schon genannten D. Claudio Montero angegebenen Distanz die Höhe des Gipfels über dem Meere auf wenigstens 700′ ergiebt, welche derselbe vom September 1856 bis zum October 1860 schon erreicht hatte. Es dürfte nicht viele im Meere in historischer Zeit entstandene Vulcane geben, welche eine so rasche Erhebung über dem Meere durch Aufschüttung aufzuweisen hätten.

Es scheinen diese verschiedenen Gruppen lebender Vulcane der jetzigen Epoche ziemlich unabhängig von einander zu sein. Aber schon der gleichzeitige Ausbruch dreier von einander getrennter Vulcane deutet auf einen Zusammenhang hin. Nach dem Padre Juan de la Concepcion fand am 4. Januar 1645 gleichzeitig eine Eruption des Vulcan von S e r a n g a n i, eines jetzt gänzlich zur Ruhe gekommenen Vulcans aus der S u l u g r u p p e und des unter dem Namen V u l c a n d e A r i n g a y auch auf Darwin's Karte angegebenen Berges statt. Allerdings ist die Vulcan-Natur des letzteren nicht über allen Zweifel erhaben; denn die Beschreibung des genannten Historiker's der Philippinen lässt völlig im Unklaren, ob aus dem Berg, den er zwar einen Vulcan nennt, wirklich damals ein Ausbruch stattgefunden habe oder ob er nicht vielleicht bloss durch die Erschütterung in einem heftigen Erdbeben zusammengestürzt sei. Aber abgesehen hiervon gibt es zwei wichtige Gründe, welche die Zusammengehörigkeit aller dieser Vulcane beweisen. Zeichnet man die vielen durch ihre ausgesprochen kegelförmige Gestalt, das Vorhandensein eines verschütteten Kraters, zahlreiche heisse Quellen und deutlich erkennbare alte Aschenauswürfe gekennzeichneten Vulcane zwischen jene lebenden ein, so schliesst sich dadurch eine ganz zusammenhängende Kette von Bergen. Und es schliesst sich diese Vulcanenkette, wie schon von Buch und Berghaus hervorgehoben wurde, direct an die Reihe an, welche in gleicher Richtung über Sanguir, Siao, Ternate, Celebes und Gilolo bis südlich vom Aequator hinunterzieht, wo sie senkrecht auf die Vulcanenreihe der Sundainseln trifft. Solcher erloschener Vulcane finden sich viele auf allen Inseln mit einziger Ausnahme von Cebú und Bohol, welche gänzlich aus gehobenen Korallenriffen und neptunischen Schichten gebildet zu sein scheinen. In der westlichen wie östlichen Cordillere des Nordens und im Süden von Luzon, in der isolirten Bergkette von Z a m b a l e s und auf L e y t e und S a m a r , im westlichen Gebirgslande des Nordens von M i n d a n a o und in dem Höhenzuge von P a l a w a n erheben sich solche erloschene Vulcane hoch über die mittlere Kammhöhe des Gebirgszuges, dem sie angehören. Dahin gehört der Berg von M a j a i j a i oder der M . B a n a j a o von 7030 span. Fuss Meereshöhe, dessen Fuss die vielgerühmte Laguna de Bay badet; dahin der M . D a t á im Distrikte der Kupferminen bei Mancayan (Nordwest-Luzon) und der Subig in der Bergkette von Zambales; dahin gehören die vielen als activ bezeichneten Vulcane, welche in Berghaus bekannter Karte den Vulcan von Bulusan mit dem von Majaijai durch die beiden Provinzen C a m a r i n e s S u r y N o r t e hindurch verbinden. Abweichend durch ihre gänzliche Isolirung von allen Bergketten fallen 4 kleine vulcanische Berge im Norden der centralen Ebene Luzon's auf, unter denen ich nur den M . C u j a p u t in der Provinz N . E c i j a nennen will; noch auffallender aber erscheint der trachytische Doppelkegel des M . A r a y a t , der aus einer kaum 90 Fuss über dem Meere erhabenen Ebene steil und schroff bis zu 3150 Fuss Meereshöhe aufsteigt. Alle diese Berge aber und die sie verbindenden Bergketten zeigen durchaus die gleiche mineralogische Beschaffenheit, denn sie gehören alle im Süden wie im Norden der Reihe moderner trachytischer Ausbrüche an. Abgesehen von einigen zweifelhaften Stellen im Norden Luzon's und in Cebú, wo eigenthümliche Petrefacten ein etwas höheres Alter anzudeuten scheinen, gehört somit die ganze Gebirgsmasse, das Skelett der Philippinen, der Reihe trachytischer Gesteine an, welche in der jüngsten geologischen Periode zum Vorschein kamen.

An diesen trachytischen Kern nun lehnen sich in sehr verschiedener Meereshöhe zahlreiche sedimentäre versteinerungsreiche Sandstein- und Thonschichten an, deren Muscheln und Schnecken theilweise noch heute lebend in den umgebenden Meeren gefunden werden. Sie gehören also wohl alle einer sehr jungen Periode an. Und wie an den Ufern der Inseln und in den Canälen zwischen diesen und weit in's Meer hinein sich Korallenriffe in den mannigfaltigsten Formen finden, so sieht man auch in den trachytischen Bergen des Nordens von Luzon und des Ostens von Mindanao und auf den Visaya's zahlreiche Ueberbleibsel früherer Korallenriffe, deren Wände in den bizarrsten Formen aufsteigend meistens in sehr harten dichten Korallenkalk umgewandelt sind. An diesen lassen sich nun mit

Leichtigkeit zwei verschiedene Altersstufen unterscheiden. Die ältesten Korallenriffe, welche aber doch noch der tertiären Periode anzugehören scheinen, sind theilweise zu einer bedeutenden Meereshöhe emporgehoben worden, so namentlich in dem durch sein gleichmässig mildes Klima und die landschaftliche Schönheit der umgebenden Berge so berühmt gewordenen Thal von B e n g u e t. Nur uneigentlich wird es in Manila ein Thal genannt. Es ist ein fast genau kreisförmiger Kessel von ungefähr ½ deutschen Meile Durchmesser, dessen Sohle nahezu horizontal fast 4000′ über dem Meere hoch liegt. In seinem Grunde findet sich ein weitausgedehnter mit hohem Schilf umwachsener See. Ein etwa 450′ hoch über dem See aufsteigender Ringwall aus gänzlich massivem Korallenkalk umgibt steil anstrebend und an manchen Stellen wegen seiner mannigfachen Zerklüftung gänzlich unersteigbar den Kessel. Um aber die Aehnlichkeit mit einem Atoll noch deutlicher hervorzuheben, finden sich an zwei Stellen tief und scharf wie mit einem Messer eingeschnittene Spalten in dem Wall, durch welche sich mühsam jetzt ein Bach hindurchdrängt. An der südwestlichen Seite endlich erniedrigt sich der Ringwall etwas, und löst sich hier in eine Reihe kleiner unregelmässig gestalteter und von trachytischem Thone bedeckter Hügel auf, zwischen denen hindurch sich der Weg nach S. Fernando windet. Hier fanden sich in dem trachytisch aussehenden röthlichen weichen Gestein nicht selten, aber schlecht erhaltene Petrefacten und hier endlich liess sich an vielen Stellen eine durch allerlei Geröll und völlig gut erhaltene ausnahmslos gerollte Korallenfragmente eine alte Strandlinie nachweisen. Von diesem Atoll-ähnlichen Riffe an liess sich eine ganze Kette mehr oder weniger getrennter Korallenbildungen bis hoch in den Norden hinauf in ungefähr gleicher Meereshöhe verfolgen.

Während nun die älteren Korallenbildungen wenigstens theilweise von Trachyt überlagert zu sein scheinen, schliesst sich die zweite Reihe der gehobenen Riffe ganz an die jetzt lebenden an. Ueberall an den Küsten der Inseln, auf Camiguin im Norden von Luzon und auf Basilan bei Zamboanga, an der Ostküste Luzon's und Mindanao's, wie auf Bohol und—nach Hörensagen—den Calamianes und Palawan finden sich bald länger zusammenhängende, bald isolirte Fetzen gehobenen Korallenkalkes, die durch ihren von der Brandung ausgewaschenen Fuss deutlich mit den bei Ebbezeit entblössten oberen Theilen der jetzt in Hebung begriffenen lebenden Riffe in Verbindung stehen. So liefert uns die ununterbrochene Reihe

24

vulcanischer Ausbrüche, älterer und neuerer Korallenbildungen den klarsten Beweis stetig fortschreitender säcularer Hebung der Philippinen.

II.

Die Riffe und das Leben im Meere.

Tief und senkrecht aus dem Meere heraus bauen die Polypen ihre Häuser von Stein, und erst, indem sie durch eigne oder durch unterirdische Kräfte gehoben, bis nahe an die Oberfläche des Meeres gelangen, bildet sich das Riff aus. Die Brandung reisst an der senkrechten Wand Korallentrümmer ab, die bei niedrigem Wasserstande über den Rand des sich an die Küste anlehnenden Walles von Korallen hinaufgeworfen werden; solche abgestorbene Trümmer vereinigen sich miteinander durch Sand, und allmählig erhöht sich so der Rand des Riffes selbst über die höchste Fluthlinie. Nun bezeichnet eine beständige Linie weisser schäumender Wellen, sogenannter "Brecher", den Rand des Aussenriffes, welches sich bald eng an die Küsten anschmiegt und mit völliger Treue die Umrisse des Landes wiederholt, bald auch auf untermeerischen Rücken fortlaufend weit in den Ocean vorspringende Riffzungen bildet. Solche austretende Riffe finden sich vorzüglich an den Küsten, welche dem offenen Meere zugewandt sind; denn hier hat die constante Wirkung der herrschenden Winde und Meeresströmungen gar häufig Stücke des Landes abgelöst und zerstört, deren untermeerische Grundfelsen dann den günstigen Boden zur Ausbildung der Korallenriffe boten. Anders bilden sich Riffe aus in stillen Buchten und in den engen Strassen zwischen den Inseln. Die bald constanten, bald sehr wechselnden Strömungen der Luft; die durch Ebbe und Fluth hervorgerufenen und die partiellen vom nordpacifischen Aequatorialstrom abgeleiteten Ströme, wie sie zu den Strassen von Surigao und S. Bernardino hereindringen; die wechselnde Höhe der Fluth und der Sturmfluthen; Gestalt und geognostische Beschaffenheit der Küsten; chemische Constitution des Meerwassers und mechanisch beigemengte Sandtheilchen;—alle diese sind in Verbindung mit der säcularen Hebung der Inseln eben so viele Einflüsse, denen der zarte Organismus der Korallen gehorchen muss[1] und denen das von diesen aufgeführte Gebäude, das Riff, seine Form verdankt. Ehe wir uns aber diese in einem Beispiele etwas näher ansehen, wollen wir die Thiere bei ihrem nie unterbrochenen Baue beobachten.

Eine weiche Larve der Meeresoberfläche senkt sich auf den tiefen Boden des Meeres nieder. Wie die Schnecke ihr Haus absondert, so bildet sich der werdende Polyp das seinige, nachdem er zuvor sich mit festem kalkigem Fusse auf dem Felsen angesetzt hat. Rasch in die Höhe strebend, treibt er nun wie der Baum seine Aeste und Zweige, Knospen, die sich zu neuen Polypen entwickeln und während der Urahne weiter und weiter wächst, haben zahlreiche Generationen ihn von allen Seiten umschlungen. So entsteht der Korallenstock, der in seiner Form die ihm innewohnende allseitig sich ausbreitende Kraft des Baumes offenbart, theils aber auch, wie dieser nur kurze Zweige an der Windseite entwickelt und dem Sturmwinde durch Neigen zu entgehen sucht, in der Richtung seines Wachsthumes und der vollendeten Gestalt des Gebäudes die mannigfaltigen hindernden Einflüsse des Meeres zu erkennen gibt. Wo an allseitig geschützten Stellen—so im Innern vieler Atolle— keine Strömungen des Meeres störend einwirken und der Wogenschlag keine Trümmer aufwirft, da wachsen die einzelnen Korallen nach allen Richtungen hin gleichmässig weiter und bilden so allseitig abgerundete Knollen. Wenn dann die sanft gebogene Oberfläche des Riffes bei tiefer Ebbe dem Einfluss der Luft oder gar des herabströmenden Regens ausgesetzt wird, so sterben die oberflächlichsten Korallenthiere ab, ihre Häuser werden zerstört und es verflacht sich allmälig die Oberfläche, auf der sich nun Korallensand und in ihm allerlei grabende Thiere ansiedeln. Nun stürzt ein Theil der Insel ein, welcher sich jene bunt durcheinander wachsenden Knollen anlegten. Ein Meeresarm hat sich Bahn gebrochen und schwemmt nun in raschem Laufe alle die Korallentrümmer fort, welche vorher an Ort und Stelle liegen blieben; der mächtige Strom setzt den übrigbleibenden lebenden Korallen unüberwindliche Schranken. Die mechanische Gewalt desselben und die Intensität des Wachsthumes der einzelnen Knollen setzen sich in Gleichgewicht. Ein treffliches Beispiel hierzu liefert ein kleiner Krebs[2], ein Schmarotzer, der sich zwischen den Aesten verschiedener Korallen ansiedelt. Seine Krallen reizen die Polypen zu unregelmässigem Wachsthum; es bilden sich Auswüchse von zwei Seiten her, die allmälig zu Gallen umgeformt jenen Eindringling umwachsen und ihn gänzlich einschliessen. Fort und fort wachsen die Polypen, bis endlich der Strom, welchen der unfreiwillige

Einsiedler mit seinen strudelnden Füssen nach bestimmter Richtung hin erregt, so stark wird, dass er dem Wachsthum der Koralle Halt gebietet. In solchen Gallen erkennt man immer zwei sich ziemlich genau gegenüberstehende feine Spalten. So verhindert der Strom im Meeresarme das seitliche Ausbreiten der Korallen, die nun alle ihre Triebkraft senkrecht nach oben wenden, und es entstehen bald mehr bald weniger schroffe Abstürze der Korallenwandung, je nachdem der seitlich vorbeifliessende Strom stärker oder schwächer war. Nur da, wo wie im Kanal von Basilan der Strom immer nach derselben Richtung mit grosser Stärke geht, wachsen die Korallen absolut senkrecht in die Höhe. Hier aber kommen ganz eigenthümliche Verhältnisse in's Spiel. Während in der nahe gelegenen Strasse von Zamboanga die Strömung wechselt mit den Monsunen und der Ebbe und Fluth, liegt der Kanal von Basilan so eigenthümlich, dass der östliche Strom wohl durchtreten kann, der westliche dagegen in einen östlichen verwandelt wird. Wo aber die Strömungen wechseln, wie in allen weiteren Kanälen, da hebt sich die hindernde Wirkung derselben theilweise auf und so entstehen hier senkrechte Wandungen der Korallenstöcke nur dann, wenn bei hinreichender Stärke die wechselnden Strömungen keinen Winkel miteinander machen. Ungehindert nach allen Seiten breiten sich die Korallenstöcke in jenen Dreiecken aus, welche durch das Aufeinandertreffen zweier Ströme oder durch die im Anprall gegen eine Insel bewirkte Theilung eines einfachen Stromes gebildet werden, und in denen mannigfach abgelenkte, in ihrer Richtung gänzlich unbestimmbare und schwache Strömungen entstehen. Aus dem Innern des Landes durch die Flüsse und Bäche herabgeführter Schlamm wird den einzelnen Korallenstöcken ebenso verderblich, wie das reinste süsse Wasser eines Bergstromes. Wo mächtig anschlagende Wogen immer in gleicher Weise senkrecht gegen die Richtung des Landes, dem sich die Riffe anschmiegen, einwirken, da entsteht dicht am Ufer ein hochgethürmter Aussenwall des Riffes; aber von ihm ab gegen die Höhe des Oceans zu vertieft sich das Riff ganz allmälig, bis es endlich langsam und ohne schroffen Abfall in die Tiefe verschwindet.

Ein specielles Beispiel soll die schon angedeuteten Wirkungsweisen verschiedener Momente, namentlich aber der Strömungen, näher erläutern.

Von ziemlich compacter Gestalt, mit nur geringer Küstenentwickelung liegt die Insel B o h o l (siehe Karte II) so zwischen Cebú, Leyte und Mindanao eingekeilt, dass sie den von Norden kommenden Kanal zwischen Leyte und Cebú in 2 Arme theilt, denen sie ihre westliche und östliche Seite zuwendet, während die südliche und südöstliche von der Nordküste Mindanao's durch einen sehr viel breiteren Kanal getrennt ist. In diesem letzteren verbinden sich die Strömungen, welche aus den Strassen von Surigao mit einer Geschwindigkeit von 4–6 Seemeilen in der Stunde herauskommen mit den weniger starken zwischen Leyte und Bohol. Je nach Ebbe und Fluth wechseln diese Strömungen in entgegengesetzter Richtung ab, oder wirken mit wechselnder Stärke, aber dann immer in gleicher Richtung, wenn der Nordost- oder Südwest-Monsun ihre volle Kraft erreicht haben. So treten die Meeresströme—gegen welche mitunter sogar die spanischen Regierungsdampfer der Marine vergebens ankämpfen— tangirend nahe an die östliche und südliche Küste Bohols heran, an welchen demzufolge nur eine sehr geringe Breitenausdehnung des bei Ebbe trocken gelegten Riffes zu bemerken ist. Aber in wenigen Schiffslängen Entfernung vom Rande des Riffes schon findet das Senkblei erst Grund in mehr als 100 Faden Tiefe—ein Beweis des jähen Absturzes der Korallenwand, wie er hier nach Richtung und Stärke des Stromes wohl zu erwarten war. Das Südwestmeer der Insel wird durch die von ihr nur durch einen Seichtwasserkanal getrennte Insel P a n g l a o bezeichnet, welche aus gehobenem Korallenkalk besteht. Sie ist langgestreckt und liegt in dem Winkel zwischen dem östlichen Strome des Südrandes von Bohol und dem von Norden herkommenden Strom des Canals zwischen Cebú und Bohol, und als eine in demselben Winkel liegende untermeerische Fortsetzung derselben findet sich hier ein weit vortretendes, mit seinem breiten Aussenrande bei tiefer Ebbe gänzlich trocken gelegtes Riff. Von der südwestlichen Spitze desselben durch einen schmalen Canal getrennt, liegt eine sehr kleine ringsum von Riffen umgebene Insel, abgerissen offenbar durch die hier schon stark wirkenden fressenden Ströme des Meeres. Das Keilriff der Insel Panglao hat im Osten wie Westen, den beiden Wetterseiten einen etwas erhöhten Rand, und mitten in der bis zu 4 Faden Tiefe ausgehöhlten innern Fläche mehrere aus Sand und Korallentrümmern bestehende Inseln. An der Westküste Bohols wird das zuerst wegen des nahe herantretenden Stromes sehr schmale Riff allmälig gegen Norden hin breiter und nimmt endlich an der Nordküste der Insel ganz den Character eines Barrenriffes an. Parallel der Küste gestreckte, bei tiefer Ebbe fast gänzlich trocken gelegte Riffe ziehen sich in meilenweiter Ausdehnung hin, und sind von der Insel selbst durch einen bis zu 10 Faden tiefen Canal getrennt, welcher nach Westen in den sehr tiefen Canal zwischen Cebú und Bohol, nach Osten hin in den zwischen Bohol und Leyte liegenden Meeresarm übergeht. Zahlreiche meist sehr niedrige, nur von Pandanusgebüschen oder Mangrovehainen bewachsene Inseln machen die Schifffahrt in den Canälen innerhalb des Riffes gefährlich und mühselig. Dieses ganze Labyrinth von Inseln und Canälen und Riffen liegt aber, wie ein Blick auf die Karte lehrt, abermals in einem vergleichsweise stillen Dreieck zwischen den beiden Strömen, in welche sich der einfache Strom des Canals zwischen Leyte und Cebú bei seinem Anprall gegen die Insel Bohol theilen musste. So sehen wir hier im Grossen sich ganz dasselbe wiederholen, was wir im Kleinen an den Wachsthumserscheinungen der einzelnen Korallenstücke bemerkten. Ueberall wo Wirbel oder gänzlich stille Flecken im Meere gefunden werden, lösen sich das Riff und die auf ihm entstehenden Inseln in eine grosse Menge verschieden gebildeter Inselchen auf, ganz wie unter ähnlichen Verhältnissen die einzelnen Korallenknollen sich zu keiner zusammenhängenden Masse, zu keinem eigentlichen Riffe verbinden. Wo aber constante Strömungen in immer gleicher Richtung auf ein Riff oder einen einzelnen Korallenstock treffen, da deutet die Form beider das Gleichgewicht der entgegenwirkenden Kräfte an.

So sind sämmtliche Inseln der Philippinen von einem Kranz von Korallen umsäumt, welche sich bald an das Ufer anlehnen, ohne ein eigentliches durch den aufgeworfenen Aussenrand bezeichnetes Riff zu bilden, bald aber zu echten Riffen werden, die nun als Küstenriffe oder als Barrenriffe—letzteres allerdings in den seltensten Fällen—die zahllosen Meeresarme zwischen den Inseln noch mehr einengen. Zwischen ihren Aesten siedeln sich eine Unzahl von Thierchen an; auf den abgestorbenen Flächen der gehobenen Riffe oder im Sande der tieferen Canäle liegen die kostbaren Perlenmuscheln und die essbaren Holothurien; am Ufer der sandigen Inseln der Riffe legt die Karettschildkröte ihre Eier ab und auf den von Seepflanzen dicht bewachsenen schlammigen und versandeten Riffen grast nächtlich der Dujong, während sich in den Canälen derselben, wie im hohen Meere zahllose essbare Fische tummeln. Ueberall bietet sich dem küstenbewohnenden Malaien eine reiche und leichte Erndte in der Ausbeutung der werthvollen Producte des tropischen Meeres.

Die Holothurien[3] oder der im Handel so genannte Trepang, balate, gehören jener bekannten Gruppe von Lebensmitteln an, welche wie die essbaren Vogelnester und die Haifischflossen ausschliesslich von den üppig lebenden Chinesen genossen werden. Für den Zoologen aber vereinigen sie sich durch ihre gesammte Organisation mit den wohlbekannten Seesternen und Seeigeln zu dem Kreise der Echinodermen oder Stachelhäuter. Wie sie im Bau ihrer Organe eine wunderbare Vollkommenheit und Mannichfaltigkeit zeigen, so sind sie auch in ihren Sitten und Gebräuchen durch zahlreiche auffallende Eigenthümlichkeiten ausgezeichnet. Hier zerfliesst eine Holothurie in wenig Minuten in formlosen Schleim, wenn man sie der Luft aussetzt; ja nur ein leiser Windhauch, der sie berührte, macht es dem Malaien unmöglich, sie durch Kochen so zu erhärten, dass sie nachher der trocknenden Sonnenwärme ausgesetzt werden kann. Mit dem Seewasser muss sie gleich in der grossen Kochschale aus dem Meer gehoben werden, wenn sie nicht ein Lüftchen in Schleim verwandeln soll. Fasst man diese Thiere an, so vergehen sie unter den Händen. Andere Formen zeigen Eigenschaften, um die sie mancher Mensch beneiden möchte. Die Synapta ärgert der hintere Theil ihres Körpers; so wirft sie denselben von sich und lebt auch ohne ihn ruhig weiter, oder bildet ihn in kurzer Zeit neu wieder aus. Eine andere Holothurie vereinigt alle Specialitäten des ärztlichen Standes in sich. Eine selbst gemachte Wunde ihrer Haut heilt sie in wenig Stunden, ohne eine Nath anzulegen; ihre krankhaften Organe stösst sie von sich ab und macht sich in wenig Tagen vollständig neue; wenn sie keine Lungen mehr zum Athmen hat, so athmet sie das Wasser in die Leibeshöhle ein.

Wie oft habe ich nicht auf meinen Reisen diese Thiere beneidet. Wenn ich unter den Wilden nur Wurzeln und Krebse zu essen fand, oder ein schlecht besetzter Mittagstisch eines Wirthshauses mir alle Freude am Genusse verdarb, so musste ich jedesmal an meine Holothurien denken, die gefangen in kleinen Schalen mit reinem Seewasser, ohne ihre beliebte Speise, den Korallensand, bald ihren Darmcanal mit Lungen und allen andern Organen, die daran hingen, zum After hinausstiessen, da sie ja unter den Umständen nicht mehr nöthig waren. Liess ich dann diese Thiere nur lange genug leben,— etwa mindestens 9 Tage—so hatten sie sich unterdessen ganz neue Gedärme gemacht und Lungen, mit denen sie das reine Seewasser ebenso ruhig frassen und einathmeten, als früher den Sand und das weniger reine Wasser. Wie oft hört man nicht einen Menschen im

Zorne ausrufen: Möchte ich doch aus der Haut fahren! Was aber Euch nicht gelingt, das macht Euch eine andre Holothurie in wenig Minuten vor, wenn Ihr sie mit Nadeln und Messern zu quälen anfangt. Sie dreht und windet sich nach allen Richtungen und schleudert ihren Körper hin und her, wie es mitunter die Blutegel thun, hie und da reisst die Haut ein, und bald seht Ihr statt des mit Warzen und Knoten besetzten kantigen Körpers einen rundlichen Sack vor Euch liegen, der die völlig unversehrten Eingeweide enthält. Die daneben liegende geborstene Haut löst sich bald in Schleim auf.

Mannichfaltig gestaltete Arten derjenigen Gruppe, welche im System als Aspidochirotae aufgeführt werden, dienen zur Bereitung des Trepang. Mehrfach gedämpft und zuerst mit Seewasser, dann mit süssem Wasser gekocht, nachher lange Zeit an der Sonne oder im Rauch über Feuer getrocknet,—so kommen diese nun schwärzlich und geschrumpft aussehenden Thiere in verschiedenen Sorten in den Handel. Da dieser in Manila wenigstens ausschliesslich in den Händen von Chinesen liegt, so sind nur schwer sichere Angaben über den durch den Trepang hervorgebrachten Werthumsatz zu erhalten. Ueber einige der letzten Jahre liegen mir Angaben vor. Im Jahr 1864 wurden 2089 Picul (zu 130 Pfd.), 1865 dagegen 3920 Picul ausgeführt. Der Werth derselben schwankte 1866 zwischen 23–60 Thlr. per Picul.

Den kopflosen Weichthieren gehören einige andere commerciell wichtige Thiere an, nemlich die echte Meeresperlenmuschel (M e l e a g r i n a   m a r g a r i t i f e r a L.) und die Temblegam-Perlenmuschel (P l a c u n a   p l a c e n t a L.). Beide sind auf den Philippinen weniger wegen der in ihnen erzeugten Perlen, als wegen ihrer Schalen selbst wichtig. Die grossen Schalen der Meleagrina zeigen auf ihrer inneren glänzenden Fläche, sowohl an der Ansatzstelle des Schliessmuskels, wie an der übrigen dem Mantel sich anlegenden Fläche, gar häufig unregelmässige aber schön glänzende Tröpfchen von Perlmuttersubstanz, welche abgeschnitten als Halbperlen verwandt werden. Viel weniger häufig sind aber die echten völlig glatten und freien Perlen, die sogenannten "Wasserperlen" (perlas de agua), welche nur zwischen den Schichten der Mantelblätter erzeugt werden und in fadenartigen Verlängerungen derselben hängen, wie in einem Sacke. Hunderte von Schalen können vom Grunde der tiefen Canäle heraufgeholt worden, ehe eine einzige solche Wasserperle von erheblichem

Werthe die unsägliche Mühe des Tauchers belohnt. Es wird der Perlenfang hauptsächlich nur noch im Meere um die Sulu-Inseln, um Palawan und Mindanao herum betrieben und zwar von Sclaven, welche die muhamedanischen Fürsten im Süden der Philippinen auf ihren alljährlich sich wiederholenden Menschenjagden einfangen. So finden sich auf den zum Perlenfang ausgesandten Böten katholische Christen von Luzon und den übrigen philippinischen Inseln neben heidnischen Bewohnern von Celebes, Gilolo und den Dajak's von Borneo auf derselben Bank gebunden, dem blutigen und lebensgefährlichen Geschäft des Tauchens zum Opfer. In immer grössere Tiefen ziehen sich die grossen Perlmuscheln—denn nur diese geben Hoffnung auf gute Beute—zurück, so dass in den Meeren um Sulú herum die Taucher bereits bis auf 15 und selbst mehr Faden Tiefe zu tauchen haben. Der heftige Druck der grossen Wassermasse treibt dem Taucher, während er mit einem Messer rasch die festsitzenden Muscheln abzuschneiden sucht, das Blut aus Ohren, Nasen und Augen. Mit zerschnittenen Händen und Fingern, mit blutendem Gesichte kommen diese Unseligen an die Oberfläche, und empfangen als Belohnung für die kostbare Perle, die sie dem Meere entrissen, nur kärgliche elende Nahrung; oft auch ist gänzliche Taubheit, ja selbst ein rascher plötzlicher Tod ihr Lohn. Fast sind sie dann glücklich zu schätzen. Denn die gewaltige Anstrengung des raschen Tauchens zerstört langsam, aber sicher auch die kräftigste Brust, bis sie endlich nach langdauernden Leiden der langsame Tod dem grausigen Geschäfte entreisst. Tausende von Blutstropfen hängen so an jeder Perle, welche das Ohrgehänge oder die Brustnadel unserer Schönen zieren.

Auch der Handel mit Perlen ist in Manila gänzlich in Händen der Chinesen, sodass sich auch hier keine sicheren Angaben über den Werth der jährlich nach China gesandten Perlenmengen machen lassen. Dagegen findet sich die Schale der Meleagrina als sogenannte "concha nacar" in allen Exporttabellen aufgeführt. Das Jahr 1867 hat mit 3095 Picul die grösste je ausgeführte Menge von Perlmutterschalen aufzuweisen. 1865 betrug der Preis per Picul 19 Dollar (57 Gulden) und durchschnittlich sollen ungefähr 30 einfache Schalen auf ein Picul gehen.

Die zweite Muschel (Placuna placenta)[4] wird hier nie, wie in Ceylon, der kleinen oft in ihr gebildeten Perlen wegen gesucht. Sie lebt im Schlamme am Ausgange der Flüsse mit anderen Thieren des brakigen Wassers, ohne Befestigung und in grossen Mengen beisammen. Es ist bekannt, dass aus den flachen und dünnen sehr durchscheinenden Schalen viereckige Scheiben geschnitten werden, welche in China, auf den Philippinen und den Inseln des hinterindischen Ocean's statt der Glasscheiben in die Fensterrahmen eingesetzt werden. Gegenüber dem Glase haben sie jedenfalls den in den lichthellen tropischen Ländern hoch zu schätzenden Vortheil, dass sie das directe Sonnenlicht fast ganz ausschliessen, das diffuse Tageslicht dagegen mit hinreichender Intensität durchlassen. Ueber die Masse und den Werth der etwa ausgeführten Schalen dieser Muschel fehlen alle statistischen Angaben.

Eine ganz kurze Erwähnung nur verdienen die hier in Manila "S i g a y" genannten K a u r i s c h n e c k e n, Arten der Gattung C y p r a e a. Sie finden sich wie überall in den tropisch östlichen Meeren, so auch auf den Riffen der Philippinen und werden alljährlich in grossen Quantitäten ausgeführt. Da aber der Werth derselben neuerdings sehr gesunken ist—man bezahlt jetzt in Manila etwas mehr als einen Thaler für das Picul—so ist der Werth des Umsatzes von jährlich etwa 1500 Picul ein sehr geringer. Ebensowenig beansprucht die Ausfuhr des S c h i l d p a t t s bedeutendes Interesse; denn trotz des ziemlich hohen Preises, der auch jetzt noch für das Picul Schildpatt—von den Spaniern c a r e y genannt—, nemlich 4–500 Dollars, bezahlt wird, beträgt der ganze Umsatz im Mittel kaum 15000 Gulden, da selbst in den günstigsten Jahren nicht mehr als 20 Picul ausgeführt werden.

Dagegen ist der D u j o n g (Halicore Dugong L.) ein Thier, welches in mehr als einer Beziehung interessant ist, da es sich in eigenthümlicher Weise mit der Geschichte des Trepanghandels auf den Philippinen verknüpft. Als im Anfang dieses Jahrhunderts einige Spanier von Manila nach den westlichsten Inseln der Carolinen, den Pelew-Inseln oder den Islas Palaos, gingen, um hier für Tabak, Eisenwaaren und baumwollene Tücher den Trepang einzuhandeln, erkannten sie in einem Armband,[5] welches das Handgelenk der Fürsten des Landes zierte, den ersten Halswirbel des ihnen sehr gut bekannten und auf den Philippinen wegen seines wohlschmeckenden Fleisches häufig gejagten "pez mulier"[6] wieder. Sie nahmen den hohen Werth desselben wahr und wussten sich während der nachfolgenden Jahre auf den Philippinen mit einer tüchtigen Ladung solcher Wirbel zu versehen, die den glücklichen Speculanten denn auch rasch eine volle Schiffsladung fast umsonst verschafften. Aber der Dujong ist sehr schwer zu jagen, und seine Menge, wie es scheint, nicht beträchtlich. Er zog sich nach den am schwersten zugänglichen Schlupfwinkeln an den Ostküsten des Archipels zurück, so dass sich bald die auf Trepang fahrenden Mestizen und Spanier von Manila wieder genöthigt sahen, sich der europäischen Waaren zu ihrem Tauschhandel zu bedienen. Nie wieder sind solche Geschäfte in diesem Handelszweige gemacht worden, wie in der kurzen Periode jenes Handels mit dem Atlas des Dujong. Er giebt uns auch ein Beispiel, wie leicht der Mensch geneigt ist, seiner Eitelkeit schmerzliche Opfer zu bringen. Obgleich derselbe selbst im Verkehr der Bewohner untereinander Geldwerth besitzt, so hat er doch auch den wirklichen Werth eines nationalen Ordens; denn nur den ausgezeichneten Männern des Landes kann er vom König oder dem Fürstencongress zuertheilt, aber auch entzogen werden. Es ist ein Fest, wenn einem Vornehmen des Landes ein solches zuerkannt wird. Aber die Anlage des Ordens selbst ist eine schmerzhafte Operation. Das allerdings durch Abfeilen der Kanten und Vorsprünge etwas erweiterte Loch, durch welches das Rückenmark hindurchtritt, ist so eng, dass selbst die zarten und in ihren Gelenken so ausnehmend biegsamen Hände der Eingebornen nicht ohne grosse Mühe hindurchkommen. Die Finger des Beglückten werden fest zusammengebunden, so dass sich die Breite des gebogenen Handrückens möglichst vermindert, und dann wird die Hand durch den Wirbel hindurchgezwängt, indem einige Männer an dem Taue, welches die Finger hält, aus Leibeskräften ziehen, während Andere von entgegengesetzter Seite her den Wirbel und den Decorirten festhalten. Oft sieht man die Vornehmen des Landes mit Stolz die Hand zeigen, von welcher sie bei solcher Standeserhöhung einen Finger, meistens den Daumen, durch die Operation des Durchziehens verloren haben. Bei uns Europäern möchte ein solcher Orden, der nie ohne grosse Schmerzen angelegt werden kann, wohl als ein Mittel gegen die zu grosse Zahl der Ehrendiener angewandt werden können.

Die vergleichsweise grosse Wichtigkeit der genannten Thiere, welche wesentlich auf den Korallenriffen und durch sie leben, lässt sich kurz in einigen Zahlen ausdrücken.—Es erreichte der Export der 4 wichtigeren Artikel im Jahre 1864 die Summe von 97,683 Dollars, 1865 die viel grössere von 135,295 Dollars. Für die einzelnen Artikel stellt sich das Verhältniss so:

	Perlmutterschalen.	Schildpatt.	Kauris.	Trepang.	Summa.
1864	52,972	931	2000	41,780	97,683 D.
1865	47,215	3172	1792	78,400	135,295 D.

Man sieht, dass der so bedeutend höhere Export im Jahre 1865 hauptsächlich durch die Zunahme des Trepanghandels bewirkt wurde.

Wenn man nun bedenkt, dass der bedürfnisslose Bewohner tropischer Gegenden kaum mehr arbeitet, als gerade für die Beschaffung seiner unentbehrlichsten Lebensbedürfnisse nothwendig ist; wenn man erwägt, wie gering die Kosten eines solchen einfachen Lebens sind inmitten der überreichen primitiven Nahrungsmittel solcher Länder; so bevölkert der aus obigen Thatsachen rückschliessende Blick die Meere und Strassen zwischen jenen Inseln mit einer grossen Menge kleinerer und grösserer Fahrzeuge, welche alle bei dem Fang und Transport der genannten Thiere beschäftigt sind. Hier ziehen bei tiefer Ebbe Schaaren kleiner offener Böte an den Rändern der Riffe entlang und holen die grossen Holothurien aus der Tiefe durch Tauchen oder allerlei Instrumente empor; dort treiben die Aufseher des Sultans von Sulú die im grossen halbgedeckten Boot (Panco) dichtstehenden Sclaven zum Tauchen nach den kostbaren Perlenmuscheln im tiefen Meeresgrunde an; Kinder und Frauen sammeln ausser Muscheln und anderen Seethieren für ihr bescheidenes Mittagsmahl die Kauris und auf den Fischfang bei Nacht ausziehende Männer kehren heim mit einer grossen Schildkröte beladen, die sie im Sande einer Insel beim Eierlegen überraschten. Hunderte von kleinen gedeckten Schiffen bringen die gesammelten und von einem Zwischenhändler, meistens Chinesen, aufgekauften Gegenstände in kleineren Parthien in die wenigen dem transatlantischen Verkehr freistehenden Häfen ein. Aber noch grösseren Einfluss auf die Belebtheit der philippinischen Meere haben die Fische, welche der täglichen Nahrung geopfert werden; denn sie bilden neben Reis die hauptsächlichste Nahrung der Bewohner. Die grosse Mehrzahl der philippinischen Dörfer und Städte liegen hart am Meere. Da ziehen dann bei tiefer Ebbe sämmtliche Bewohner hinaus auf die Riffe, harpuniren hier einen Meeraal, dort betäuben sie durch giftige Wurzeln alle Fische, welche sich in dem Wasser unter einem grossen Korallenblock verborgen haben und werfen dann alle Arten mit Ausnahme einiger weniger giftiger Sorten in ihren Korb. Häufig ziehen Nachts ganze Schaaren von Böten mit brennenden Fackeln am Rande der Riffe entlang, um die durch den Glanz des Feuers angelockten grossen Fische zu harpuniren. Diese Sitte des Fischfangens bei Licht hat vielleicht zu einem sonderbaren Irrthum Anlass gegeben. Die Insel Siquijor, südlich von Bohol gelegen, wurde schon auf den älteren Karten Isla de Fuegos genannt, weil die Spanier an ihr in einer Nacht vorüberfuhren, in welcher sämmtliche Bewohner gerade mit dem Fischfang bei Fackellicht beschäftigt waren. Dieser Name wurde dann, ich weiss nicht von wem zuerst, auf einen Vulcan bezogen, der dort sein sollte. In der That aber hatte Niemand einen solchen je gesehen, nirgends findet sich eine Angabe über einen früheren Ausbruch auf dieser Insel und die Priester, welche sie aus eigner Anschauung kennen, versichern einstimmig, dass keine Spur eines Vulcanes dort in heissen Quellen oder in der Form der Berge zu finden sei. Auch auf Darwin's Karte findet sich Siquijor als Vulcan angegeben. Ich selbst habe auf meinen Fahrten zwischen den bisayischen Inseln gar häufig jene romantische Art des Fischfanges beobachtet.—Nur in der Nähe der grösseren Städte, wie in Manila, Yloilo, Cebú und anderen mehr bildet sich ein eigentliches Fischergewerbe aus. Während sonst jeder Bewohner sowohl Seemann wie Landbauer ist und zunächst nur an die Befriedigung seiner eignen Bedürfnisse und derjenigen seiner Verwandten denkt, so dass er heute Fische fängt und morgen seine Kleider flickt, bald die Wildschweine, Rehe und Büffel jagt oder seinen Acker bestellt, den Bienen im Walde den süssen Honig abjagt, oder sein jüngstes Kind in den Armen schaukelt, kurz alle Geschäfte des menschlichen Lebens der Reihe nach durchmacht; haben sich in den volkreicheren Districten schon die Gewerbe mehr von einander getrennt. So findet man denn auch auf den Fischmärkten der grossen Städte das eigentliche Fischervolk beisammen, das sich in seinem Wesen hier wie überall so sehr von den übrigen Ständen unterscheidet. Von diesen wird die Fischerei theils auf den Riffen, theils auch im hohen Meere mit ganz anderen Mitteln betrieben. Von ihnen werden Arten von Fischreusen so gut, wie die kleinen und grossen Angeln benutzt; am Ausfluss[7] der Ströme sieht man mächtige durch einen Baum auf- und abgesenkte flache Netze die kleinen im Sonnenschein sich tummelnden Fische fangen, während in den Süsswasserseen oder am seichten Ufer der

Meeresbuchten und der Canäle grosse von einem dichten Geflecht aus Bambusrohren umzäunte labyrinthische Irrwege oft der Schifffahrt am Ufer hinderlich werden. Sie werden so gegen die Strömung gestellt, dass die Fische mit ihr hineingelangen. Hier werden sie dann mit Stöcken bis in den innersten Raum getrieben, wo sie völlig abgeschlossen vom Fischer mit Handnetzen herausgefischt werden. Auf diesen hoch in die Luft emporragenden Staketen sieht man häufig die Fischer unbeweglich zwischen ebenso steinern aussehenden Reihern sitzen, welche gleich ihnen auf die Ankunft eines Fischschwarmes warten. So werden ungeheure Fischmassen täglich von den Bewohnern des Landes gefangen und gegessen. Selten nur nimmt man sich die Mühe, die Fische und die schmackhaften Süsswasserkrebse zu trocknen oder einzusalzen; aber die wenigen so behandelten Arten bilden dann einen nicht unwichtigen Handelsartikel im Verkehre der Bewohner untereinander. Leider fehlen hierüber alle genaueren statistischen Angaben.

Wenn man so schon das Recht hätte, das Volk ein wesentlich maritimes zu nennen, so springt die Richtigkeit dieser Bezeichnung noch mehr in die Augen, wenn nun zum Schluss noch die Verkehrswege des grossen Handels aufgesucht werden. Zwischen der Hauptstadt und den zahlreichen kleinen Inseln des Südens, so wie zwischen diesen untereinander kann natürlich der Verkehr nur zu Wasser stattfinden. Aber selbst zwischen Orten auf Luzon die sich so nahe liegen, wie M a u b a n an der Ostküste und Manila westlich, zieht der Handel den langen Umweg um die Südspitze der Insel herum dem kurzen Landweg über die niedrige Bergkette nach der Laguna de Bay vor. Eine Folge für diese ausgesprochene Vorliebe für den Seeverkehr ist natürlich eine gründliche Vernachlässigung aller Landstrassen. Dass nun in der That fast aller Handel die Seewege aufsucht, beweist die kleine hier mitgetheilte Tabelle über die Zahl der im Jahre 1862 in Manila ausgelaufenen und eingelaufenen Schiffe.

	Provinzschiffe.		**Spanische Schiffe.**		**Fremde Sc**	
	Zahl.	*Tonnengehalt.*	*Zahl.*	*Tonnengehalt.*	*Zahl.*	*Tonne*
Eingelaufene	2253	138,000	127	23,000	160	98,00
Ausgelaufene	2298	135,000	137	25,000	157	98,00

Die grosse Zahl der Provinzschiffe gegenüber den wenigen über den Ocean fahrenden Schiffen—den sogenannten buques de travesia—zeigt, wie im inneren Verkehr der Inseln untereinander vor Allem die kleinsten Schiffe bevorzugt werden. Nimmt man an, dass alle Schiffe eine volle Ladung hatten—was natürlich nur annähernd richtig ist—und vergleicht man die Tonnenzahl der in Manila eingelaufenen Provinzschiffe mit derjenigen der von hier nach Europa, Australien etc. ausgelaufenen grossen Seeschiffe, so sieht man, dass höchstens **15,000** Tonnen der Landesprodukte in Manila selbst geblieben sein können. Wahrscheinlich aber waren es viel weniger, denn die Seeschiffe verlassen nie den Hafen ohne eine volle Ladung, während viele der Provinzschiffe auch ohne vollständig gefüllt zu sein, die Reise nach Manila unternehmen. Die analoge Differenz von 14,000 Tonnen zwischen den eingelaufenen Seeschiffen und den ausgelaufenen Provinzschiffen beweist, dass auch die eingeführten europäischen Producte auf dem Seewege nach den übrigen Provinzen übergeführt werden müssen.

Auch in diesen Zahlen tritt uns also ein bedeutender Verkehr zur See entgegen. Mit grossen Schwierigkeiten hat derselbe in den philippinischen Meeren zu kämpfen. Die bis in die neuere Zeit hinein sehr schlechten Karten, die heftigen und mannichfaltig wechselnden Strömungen, die Häufigkeit der Riffe und Untiefen und die schweren beim Wechsel der Monsune so oft eintretenden Stürme; der Mangel aller nautisch durchgebildeten Capitaine und die angeborne Sorglosigkeit der Mannschaften—alles dies sind ebensoviele Hindernisse, aber auch zugleich bestimmende Momente für die Form des Verkehrs und die von ihm aufgesuchten Wege. Ganz besonders aber drückt der periodische Wechsel der vorherrschenden Windrichtungen mit den übrigen klimatologischen Erscheinungen dem Verkehr zur See, wie überhaupt dem ganzen organischen Leben auf den Philippinen seinen Stempel auf. Diesen Einfluss des Klima's auf Land und Leute zu untersuchen, soll die Aufgabe der nächsten Skizze sein.

III.

Das Klima und das organische Leben.

Im Allgemeinen lässt sich das K l i m a des philippinischen Archipels als ein tropisch insulares im vollsten Sinne des Wortes bezeichnen. Vollständiger Mangel aller schroffen Gegensätze in der Temperatur, hohe mittlere Jahreswärme, grosse Regenmenge und Feuchtigkeit der Luft, sowie die in gewissen Perioden wechselnde Windesrichtung werden durch die geographische Lage dieser Inseln erklärt. Um uns ein möglichst scharf gezeichnetes Bild von diesen einzelnen Momenten, die in ihrer Gesammtwirkung als Klima solchen Einfluss auf alle Organismen und alles Leben gewinnen, zu bilden, wollen wir den im Anhang[1] ausführlich mitgetheilten Resultaten mehrjähriger Beobachtungen in Sta. Ana, einem Dorfe dicht bei Manila, folgende Mittelwerthe entnehmen:

Temperatur in Graden Reaumur.			Regenmenge im Jahr.	Relative Feuchtigkeit.	Mitt. Luft
Mittlere des Jahres	mittleres Maximum	mittleres Minimum			
+20,88	+25,4	+16,2	974,6 par. Lin. = 81,2 Zoll.	78,7 par. Lin.	337,

Windesrichtung:	October– April	N 57° O
	April– October	S 28° W

42

Hier drückt sich zunächst in den 3 ersten Zahlen die hohe, aber sehr gleichmässige Temperatur bestimmt aus; denn bei dem hohen Jahresmittel von 21° R. ist die Differenz der mittleren Monatsextreme nur 9°, während sie beispielsweise in Frankfurt über 19° beträgt bei der niedrigen Jahrestemperatur von 9° R. Gegen eine nur 15,7 Zoll betragende Regenmenge an demselben Orte in Deutschland fallen in Manila, einem vergleichsweise für die Philippinen sehr trockenen Orte, alljährlich mehr als 81 Zoll, im Nordosten von Mindanao dagegen in Linao nach den Beobachtungen eines Jahres 142 Zoll. Eine so ungeheure und dazu noch in ziemlich regelmässigem Wechsel niederfallende jährliche Regenmenge muss nothwendig von grossem Einfluss auf die Entwickelung des organischen Lebens sein, dem wir denn auch dort im Verein mit anderen Einflüssen überall begegnen. In der letzten Rubrik endlich spricht sich der scharfe Gegensatz der beiden wichtigsten Jahresabschnitte aus, welche man die k a l t e und die w a r m e oder besser mit Bezug auf die herrschenden Winde, die Jahreszeiten des N o r d o s t - und des S ü d w e s t - M o n s u n ' s nennen kann.

Allerdings ist durch dieses Wort nicht Alles bezeichnet. Wie die Monsune selbst nur entstanden sind durch local wirkende Ursachen, die indischen nemlich durch die Erwärmung des asiatischen Continentes in unserem Sommer; so muss es natürlich auch Grenzgebiete geben, in welchen ein Uebergang stattfindet in den regelmässigen durch allgemeiner wirkende Ursachen bestimmten Erscheinungen, wie es die Passate sind. Und in der That scheinen wir uns auf den Philippinen in einem solchen Grenzgebiete zu befinden: denn während in M a n i l a der abgelenkte SW.-Monsun schon zu Ende A p r i l, der Nordost-Monsun im O c t o b e r einsetzt, ist die Dauer des SW.-Monsuns in B o h o l um reichlich 1 Monat kürzer, da er nur vom J u l i bis zum N o v e m b e r dauert. Aber durch diese allerdings interessanten Verschiebungen in den Windrichtungen wird doch die im Wesentlichen in dem Worte Monsun angedeutete P e r i o d i c i t ä t nicht erheblich verändert, und für das Ziel, welches wir hier im Auge haben, nemlich für den Einfluss der periodischen Erscheinungen der Atmosphäre auf das organische Leben, ist gerade diese Unregelmässigkeit viel weniger bestimmend, als die periodischen Wechsel in der Temperatur und namentlich im Feuchtigkeitsgehalte der Luft.

43

Wir ziehen hier abermals zur leichteren Vergleichung eine kleine
Tabelle aus den vollständigen Resultaten aus, in welcher wir die
jährliche klimatische Bewegung nach den 4 hier bei uns
angenommenen Jahreszeiten für Manila in Zahlen darstellen.

Winde. Regen. Gewitter. Temperatur. Luftdruck.

		Lin.		° R.	par. Lin.
Winter	N 35° O	74	0,8	19,6	337,66
Frühling	N 79° O	73	14,7	21,6	337,40
Sommer	S 41° W	492	35,9	21,7	336,94
Herbst	S 16° W	334	19,5	20,7	336,71

Während der 3 Wintermonate December, Januar und Februar bringt
der sehr regelmässig wehende Nordostwind bei der niedrigsten
Mittelwärme von 19°,6 R. gar keinen oder fast gar keinen Regen
nieder. Die Felder trocknen nun aus und das Erdreich springt häufig
in tiefen Rissen auf; unerträglichen Staub wirbeln die offnen Wagen
der Bewohner Manila's auf und die Pflanzen sehen traurig und
düster genug aus durch den dichten Staub, der sie bedeckt. Der
starke jeden Morgen fallende Thau genügt nicht, um die
verbrannten Blätter mit frischem Grün zu schmücken. Dennoch
aber gibt es nur selten völlig heitere Tage; denn die grosse alltäglich
mit aufsteigender Sonne in die Luft gehobene Wassermenge formt
sich rasch zu leichten Wölkchen, welche der starke Nordostwind
vor sich hin treibt. Wenn aber zum Anfang des Frühlings die Sonne
sich dem Zenith nähert, so mehren sich allmälig mit etwas
sinkendem Luftdruck die electrischen Entladungen der Atmosphäre,
die zuerst als Wetterleuchten in der Ferne, dann als immer
näherkommende und heftiger auftretende Gewitter das Herannahen
des durch wechselnde Winde und Calmen bezeichneten Frühlings
anzeigen. Nun beeilt sich jeder Bewohner Manila's, seinen Wagen
repariren zu lassen, um während der bald eintretenden heftigen
Regen im geschlossenen Fuhrwerk dem Unwetter trotzen und
seinen Geschäften obliegen zu können. Zwar erleuchtet die
a u f g e h e n d e Sonne noch einen stets ungetrübten Himmel; aber

gegen Mittag schon, wenn sie am höchsten steht, decken dichte Wolken den Himmel und thürmen sich, meistens an einem der benachbarten Berggipfel hängend, schwere dunkle Gewitterwolken auf. Dabei erhöht sich die Temperatur rasch um 2 volle Grade; aber noch immer harren Pflanzen, Thiere und Menschen vergebens auf den erfrischenden Regen, der zuerst im Mai mit einzelnen schweren Tropfen sich ankündigt, dann aber plötzlich in heftigen Gewitterregen losbricht. Zugleich damit tritt ein Wechsel der Winde ein. Nicht ohne Zagen und doch mit Freude sieht der Bewohner diesem Wechsel des Monsun's entgegen. Wenn im Mai oder Juni der von Süden her andringende Südwestwind dem Nordost die Herrschaft über das Land zu entringen sucht, so sind heftige Stürme, sogenannte "colla's", welche einige Tage lang andauern, die Folge dieses Kampfes der Winde. Häufig erzeugt sich dabei ein "baguio", ein Wirbelsturm; doch seltener, als in dem Uebergang des SW.-Monsun's in den NO.-Monsun im September oder October. Ist die "colla" vorüber, während welcher fast unausgesetzt fallender Regen die durstige Erde tränkt, so tritt nun die eigentliche Regenzeit mit ihren täglich sich wiederholenden äusserst heftigen, aber meistens nur wenige Stunden dauernden Gewitterregen ein. Mit dem Südwestwinde hat der Barometerstand fast sein Minimum erreicht, während die Zahl der Gewitter sich enorm gesteigert und die herabfallende Regenmenge ihr Maximum erreicht hat. Die mittlere Wärme ist kaum gestiegen; aber die häufigen Windstillen zur Zeit des Mittags und die eigenthümliche Schwüle, welche dort wie hier den Gewittern voranzugehen pflegt, lassen die Hitze grösser erscheinen, als sie wirklich ist; denn nie steigt die Temperatur im Schatten auf mehr als 27 oder 28° R. zur Zeit des täglichen Maximum's. Gegen Ende des Sommers sinkt die Temperatur etwas, ebenso auch die Regenmenge, obgleich nun erst die relative Feuchtigkeit ihr Maximum erreicht. Zum zweiten Male wiederholt sich dann im September oder October der Streit zwischen den Luftströmungen. Unerwartet und rasch, nicht durch das Fallen des Barometers oder die sich mehrende Zahl der Gewitter angekündigt, bricht nun die "colla" des Herbstes über Stadt und Land herein. Wehe den Pflanzen und Thieren, den Menschen in ihren Hütten und an Bord der im Hafen ankernden Schiffe, wenn mit ihr der gefürchtete "baguio" eintritt, der nun viel heftiger, als sein Genosse im Frühling einherschreitet. Im heftigsten Anlauf reisst der Wind in den Bergen ganze Waldungen nieder; Wolkenbrüche, die ihn begleiten, schwellen die Giessbäche und die Ströme des Landes in rasender Schnelle zu enormer Höhe; Brücken und Häuser werden fortgeschwemmt und ausgedehnte Ebenen überfluthet und die Schiffe im Hafen reisst der heftige rasch sich durch alle Richtungen der Windrose drehende Sturmwind von ihren Ankern ab und auf die Untiefen oder gegen die Klippen an. Zum Glück dauern diese Stürme selten lange. Einer der heftigsten und längsten Wirbelstürme, welcher Manila in neuerer Zeit heimsuchte, war der vom September 1865; er begann am 26. Mittags und endete am 28. Morgens. Während dieser 40 Stunden fiel unaufhörlicher Regen in solchen Mengen, dass der Rio Pasig weit über seine Ufer hinaustrat und die Stadt Manila mit allen ihren Vorstädten überschwemmte, so dass der Verkehr auf den Strassen durch Boote unterhalten werden musste. Hat dann endlich der Nordost, mitunter in mehrfach erneutem Kampfe, im October seinen Rivalen aus dem Süden besiegt, so gehen dann allmälig die wechselnden Winde in den stetigen Nordostwind des Winters oder der t r o c k n e n Jahreszeit über, während zugleich die Temperatur sich in dem Masse erniedrigt, als die Sonne sich mehr und mehr ihrer südlichen Culmination unterhalb des Aequators nähert.

Wie wir aber schon zwischen Manila und Bohol eine grosse Verschiebung in der Periode der Monsune bemerkt haben, so gilt auch die hier näher geschilderte Periodicität in den übrigen atmosphärischen Erscheinungen nicht für die ganze Inselgruppe, oder selbst für alle Orte derselben Insel. Wir erinnern uns, dass Luzon mit seinen hohen von Nord nach Süd streichenden Bergketten gegen die herrschenden mittleren Windrichtungen dieselbe Stellung einnimmt, wie Ceylon im indischen Ocean und wir verstehen nun, warum die östliche und westliche Hälfte der Insel in Bezug auf die Vertheilung des Regens so gänzlich von einander verschieden sein müssen. Denn während der nordöstliche Wind alle Feuchtigkeit, die er auf seinem Wege durch den stillen Ocean angesammelt hat, an der Ostküste und in den hohen Bergen des Ostens und Nordens vollständig absetzt, gelangt er nun an die Westseite der Insel als trockner Wind; und der Südwestwind schlägt seinen Regen an der westlichen Seite der Insel nieder. So kann man leicht, indem man von einem Ort zum andern reist, sich aus der n a s s e n in die t r o c k n e Jahreszeit versetzen. Als ich mich im November 1860 in A p a r r i an Bord eines Dampfers einschiffte, um nach Manila zu reisen, hatten wir dort an der Nordküste Luzon's fast täglich fallende heftige Regen, die von starken Nordoststürmen gebracht wurden; und schon nach wenigen Stunden waren wir hart an der Küste von Ylocos gänzlich

46

gegen den stürmischen Nordost durch die hohe Bergkette geschützt und fuhren nun bei beständig heiterem Wetter bis nach Manila hinunter. Wo sich in den V i s a y a ' s zwischen den vielen kleinen und grösseren Inseln zahlreiche Einschnitte bilden, da sind hier den Winden ebensoviele Canäle vorgezeichnet, in welchen sie nun theilweise abgelenkt werden, so dass hier die Vertheilung des Regens eine lange nicht so regelmässige sein kann, wie in Luzon, und auch die Regenwinde selbst nur selten in ihrer ursprünglichen Richtung auftreten können. So war in B o h o l die Vertheilung des Regens während zweier Beobachtungsjahre eine viel weniger schroffe, wie in Manila. Im Winter fiel hier das Maximum des Regens mit 209 Linien, im Frühling das Minimum mit 50 Linien; der Sommer zeigte 199 und der Herbst 123 Lin. Regen. Während also in Manila die kalte Jahreszeit auch die trockne war, erfreute sich der Winter in Bohol (mit 20°,1 R. mittlerer Temp.) starken Niederschlags; dagegen zeigten Sommer und Herbst auf dieser Insel eine verhältnissmässig grosse Regenmenge, so dass hier eigentlich nur von einer trockenen Jahreszeit im Frühlinge, aber nicht von einer nassen gesprochen werden kann. L i n a o im Innern des östlichen Mindanao's liegt in einem gegen Nordwesten hin sehr weiten offenen Thal, das gegen Osten durch eine 2–3000′ hohe Bergkette geschützt ist. Dennoch ist auch hier der Winter die eigentlich nasse Jahreszeit; aber der Nordostwind, welcher diesen Gegenden den Regen bringt, dringt hier zur Strasse von S u r i g a o und in dem Canal zwischen L e y t e , B o h o l und C e b ú durch und tritt nun bei Butuan als NW.- oder NNW.-Wind herein in das Land der Manobo's. Je nach der verschiedenen Richtung der Zuflüsse des A g u s a n , welche bald mehr aus dem Südwesten, bald aus dem Norden oder Nordwesten kommen, schwellen dieselben durch den fallenden Regen in verschiedenster Weise an. Als ich im Jahre 1864 dieses Land im August und September, also gegen Ende des Südwest-Monsuns bereiste, waren die südwestlichen Zuflüsse alle voll von Wasser, während in dem östlichen Theile und in dem eigentlichen Agusan selbst der niedrigste Wasserstand herrschte. Nach einjährigen Beobachtungen des P. Juan Ruiz in Linao[2] fielen dort im Jahre 1865 im Winter 826 Linien, im Frühling 302 L., im Sommer 265 L. und im Herbst 312 L. Unter sich verglichen fällt also hier die trockene Jahreszeit in den Sommer; aber trotzdem ist die während dieses trockenen Sommers fallende Regenmenge grösser als das Maximum in Bohol und mehr als die Hälfte des Sommermaximum's in Manila. Das ganz im Westen und auf 6° 50′

N. B. liegende Z a m b o a n g a endlich nähert sich in der Vertheilung des hier fallenden Regens noch mehr den Verhältnissen, wie sie der Aequitorialzone der Calmen eigen zu sein pflegen, denn trotzdem das Land hier gegen den Nordostwind geschützt, dem Südwestwinde offen liegt, so bringen beide Winde hier doch so ziemlich die gleiche Zahl von Regentagen.

Die Sonne ist der Quell alles Lebens. Wie ohne ihre erwärmenden Strahlen die Blätter der Bäume und Sträucher nicht ergrünen, so ist sie es auch, welche die Bewegung unserer Atmosphäre, die Winde erzeugt und das Athmen des Meeres, den aufsteigenden Wasserdunst, hervorbringt, der nun als Regen wieder vom Himmel den durstigen Pflanzen zugesandt wird. So hängt von der verschiedenen Vertheilung der Wärme, der Winde und der Feuchtigkeit in Zeit und Raum auch das Leben der Organismen ab. Wir wollen den Einfluss des K l i m a 's zunächst auf die v e g e t a b i l i s c h e n P r o d u c t e des Landes näher untersuchen.

Grosse Ueppigkeit des Pflanzenwuchses ist hier die Folge des gleichmässig warmen und sehr feuchten Klimas. Undurchdringlicher tropischer Wald bedeckt bis auf die höchsten Spitzen der Berge hinauf das Land; und in den Ebenen und Thälern, um die Dörfer der Eingeborenen herum, erzeugen sich die bekannten tropischen Nutzpflanzen. Cacao und Indigo, Caffe, Baumwolle, im Süden selbst Canehl[3]—welcher in Mindanao wild zu wachsen scheint—dazu die Mangabäume, die Cocospalmen und Bananen und viele andere Fruchtbäume gedeihen in üppigster Fülle. Bald halten sie sich—wie die Manga, Caffe, Indigo und Cacao—an besondere Jahreszeiten zur Reifung ihrer Früchte; oder sie geben, wie die Cocospalmen und die Bananen, dem Eingeborenen eine nie versiegende Quelle schmackhafter Nahrung. Schärfer fast, als die einheimischen Pflanzen und Bäume, drückt sich in dem Anbau der eingeführten Nutzpflanzen der Einfluss des Klima's und seiner periodischen Erscheinungen aus. Das Z u c k e r r o h r wird in den nächsten Provinzen um Manila herum, welche alle ein ziemlich gleichartiges Klima besitzen, im März oder April, also kurz vor Eintritt der Regenzeit gepflanzt; während sich die Manobo's in Mindanao dabei an gar keine bestimmte Jahreszeit halten, da selbst in der trockensten Periode hinreichender Regen fällt, um die jungen Pflanzungen gegen Vertrocknen zu schützen. Der Anbau des T a b a c k 's wird ebenfalls durch die Jahreszeiten geregelt. Im

Norden von Luzon, in den Provinzen C a g a y a n und N u e v a
I s a b e l a , welcher letzteren das auf der Karte bezeichnete Land
der Catalanganes zugehört, wird auf erhöhtem, fern von den
Bächen und dem Hauptfluss der Provinz, dem Rio Grande de
Cagayan, liegenden Lande der Taback im A u g u s t ausgesäet;
denn ein heftiger Regen, welcher die Bäche zum Austreten bringen
könnte, würde den zarten Pflänzchen durch den in den sogenannten
"avenida's" mitgeführten Schlamm verderblich werden. Aber wenn
dann im September oder October die "colla" des Herbstes vorüber
ist und in den damit immer verbundenen Ueberschwemmungen des
tiefliegenden Landes der Boden durch den aus den tertiären
Kalkgebirgen herabgeführten Schlamm gedüngt worden ist; so
haben nun die jungen Tabackspflanzen, in die Niederungen versetzt,
hinreichende Kraft und Höhe erlangt, um nicht in kleineren
Ueberschwemmungen zu Grunde zu gehen, oder durch heftigen
Regen ausgewaschen zu werden. Dieses Umsetzen, wobei jede
Pflanze etwa 1½ Fuss von den anderen entfernt gesetzt werden
muss, geschieht Ende October oder Anfang November. Damit ist
aber nicht alle Arbeit gethan. Unausgesetzte Pflege verlangt nun die
Tabackspflanze, um sie vor Untergang zu bewahren und die Blätter
einer günstigen Reife entgegen zu führen. Bei zu grosser Dürre
müssen die einzelnen Stämme begossen werden; fällt zu viel Regen,
so hat der Arbeiter beständig Sorge zu tragen, dass durch den
heftigen Tropfenfall nicht die Wurzeln gelockert werden. Einzeln
müssen die Raupen eines Schmetterlings, welche in wenig Tagen
aus den massenhaft gelegten Eiern desselben auskriechen, vom
Stamm und den Blättern abgesucht werden, da das kleinste Loch,
das in den jungen Keim eines Blattes gefressen wird, diesem allen
Werth raubt. Nur der geringste Theil der Pflanzen wird benutzt, um
Samen für die nächste Aussaat zu ziehen; und jede kleine
Blüthenknospe muss, sowie sie sich zeigt, von dem Zweige entfernt
werden. Endlich naht im Mai und Juni die trockenste Zeit, und
wenn dann in den letzten Wochen kein Regen gefallen ist, welcher
das eigenthümliche Gummi des Blattes wieder abwusch, so wird im
Juli mit der Erndte begonnen. Diese wird möglichst rasch vollendet,
und in der kurzen Periode die nun bis zur nächsten Umpflanzung
übrig bleibt, wird der Mais, das einzige[4] selbstgebaute
Nahrungsmittel der Bewohner der Provinz, gesät und geerndtet. In
2 Monaten vollendet hier die Maispflanze ihren Lebenslauf.

Noch schärfer aber drückt der R e i s b a u den nach den
verschiedenen Orten wechselnden Einfluss der klimatischen

Verhältnisse aus, indem er zugleich mehr als irgend eine andere
Beschäftigung des täglichen Verkehrs bestimmend auf das Leben
der Eingeborenen einwirkt. Im Allgemeinen braucht auf den
Philippinen der Reis 5–6 Monate höchstens, von der Aussaat bis zur
Vollendung der Erndte, so dass hier bei sonst günstigen
Verhältnissen die Möglichkeit zweier Erndten im Jahre gegeben
wäre. In der That aber wird dies scheinbar so günstige Verhältniss
gestört durch eine Menge verschiedenartiger Einflüsse, welche
e i n e s t h e i l s in der Qualität des gebauten Reis selbst und dem
dabei angewandten System, a n d e r n t h e i l s in dem schon
geschilderten mannigfach wechselnden Klima begründet liegen.
Man zählt auf den Philippinen über 60 Reisvarietäten, welche aber
nach dem Boden, dessen sie bedürfen, in zwei scharf getrennte
Kategorieen geschieden werden, nemlich in die des B e r g r e i s
und des W a s s e r r e i s . Erstere Gruppe wird, wie schon der
Name andeutet, nur auf den hohen, weder den periodisch
wiederkehrenden, noch den durch die Hand des Menschen
künstlich hervorgebrachten Ueberschwemmungen ausgesetzten
Gegenden gebaut. Sie bedarf zu ihrer Cultur sehr viel geringerer
Sorgfalt, als die zweite Sorte, welche nur in feuchtem oder ganz
unter Wasser gesetztem Boden gut gedeiht; aber zugleich ist sie
auch den Unregelmässigkeiten des Wetters viel mehr unterworfen
und während bei dem Wasserreis die Periode seines Lebenslaufes
so ziemlich immer in denselben Gränzen gehalten wird, ist es bei
dem Bergreis nicht selten, eine Verzögerung seiner Reife um mehr
als einen Monat eintreten zu sehen. Auch die Methode des
Reisbaues ist von einigem Einfluss; da diese Einwirkung aber sehr
gegen die des Klimas zurücktritt, so wollen wir die Schilderung der
Felderbewirthschaftung in jenes Capitel zurücksetzen, in welchem
wir in dem eigenthümlichen socialen Zustande einiger
philippinischer Völkerschaften bessere Anknüpfung finden werden.

Wie sehr nun endlich durch die wechselnden klimatischen
Bedingungen der verschiedenen Provinzen der Reisbau, und damit
auch das Leben des Menschen, beeinflusst werden muss, geht aus
der einfachen Thatsache hervor, dass der Reis—mag es nun
Bergreis oder Sumpfreis sein—eine bestimmte Quantität
Feuchtigkeit neben hinreichender Wärme und
Nahrungebestandtheilen des Bodens braucht, die also weder zu
gross, noch auch zu klein sein darf. Hier kommt es vor Allem auf
die w e c h s e l n d e n Feuchtigkeitsverhältnisse an. Während in
Manila und den umliegenden Provinzen, welche dem Südwestwinde

ausgesetzt sind, die Zeit der Aussaat im J u n i , also nach dem Ende der trocknen Jahreszeit, ist, da nun erst der Boden hinreichend durch Regen befruchtet und durchfeuchtet ist, um den Samen aufnehmen zu können, wird bei den Iraya's im Nordosten von Luzon der Bergreis im D e z e m b e r und J a n u a r nach Eintritt des Nordostwindes, also hier abermals nach Beginn der eigentlichen Regenzeit, ausgesät. Es fällt somit in diesem Lande die Zeit der Reiserndte mit derjenigen des Tabacks und der Aussaat in Manila zusammen. Der ganz gleiche Gegensatz ist schon den ältesten spanischen Schriftstellern auch auf den Visaya's aufgefallen. So sagt der Padre Chirino (1604) von der Insel Leyte "wenn in der nördlichen Hälfte der Insel Winter herrscht, was in denselben Monaten wie in Spanien zu geschehen pflegt, so ist es in der südlichen Sommer; und umgekehrt in der andern Hälfte des Jahres; so dass wenn die eine Hälfte der Insel sät, die andere ihre Erndten einbringt". Wieder anders stellt sich das Verhältniss in B o n t o c dar, einem vom Mte. D a t a ausgehenden und in nördlicher Richtung streichenden Thal, in welchem der Südwestwind meistens den Regen bringt; aber doch säen die Eingebornen den Sumpfreis erst viel später im December, weil hier die eigentlich trockne, die Erndte gestattende Periode erst sehr spät, nemlich im Mai bis Juli einzutreten pflegt. Die Zeit vom Juli bis October und November benutzen die Eingebornen zur Anpflanzung des camote (convolvulus batata). Nur in Butuan in Mindanao scheint die Vertheilung des Regens eine so günstige zu sein, dass zwei Erndten stattfinden; die eine Aussaat erfolgt im Januar und Februar nach Beendigung der Regenzeit (des Nordost-Monsuns), die andere im August oder September mit Beginn derselben. Dagegen verhalten sich die M a n o b o 's im Sumpfgebiete des Agusan gerade so, wie die Bewohner von Bontoc, da sie ihren Bergreis nur einmal im Jahr und zwar im März mit Beendigung der heftigsten Regenzeit aussäen. Es mögen diese wenigen Beispiele hier genügen, da sie hinreichend den Satz feststellen, dass es auf den Philippinen ausschliesslich die Regenzeit und die im Laufe der Monate fallende Regenmenge ist, welche die Zeit der Aussaat und der Erndte bestimmen.

Wir gehen zur Beobachtung der T h i e r w e l t über, die wir, wie die Pflanzen, ebenfalls in einigen besonders auffallenden Beziehungen in den klimatischen Verhältnissen kennen lernen wollen, wodurch dann abermals ein Zusammenhang der letzteren mit dem Leben der Bewohner angedeutet wäre, welchem wir wohl in den nächsten Skizzen wieder begegnen werden. Theilweise war dieser Gegenstand schon weiter oben angedeutet, nemlich am Schluss der zweiten Skizze, in welcher wir sahen, dass der Fang der zahlreichen S e e t h i e r e, die für den Menschen wichtig sind als Nahrungsmittel oder Handelsartikel, nicht zu allen Jahreszeiten geschehen kann. Zur Zeit des Nordost-Monsun's sind die östlichen steilen, nur an wenigen Stellen tiefe Buchten aufweisenden Küsten gänzlich allem Verkehr entzogen, und der Fischfang beschränkt sich auf die wenigen essbaren Arten, welche die Eingeborenen bei tiefer Ebbe unter den trockengelegten Korallenblöcken finden; wenn aber dann der Südwest-Monsun die westlichen Meere aufregt und hier dem Fischfang und der Schifffahrt enge Gränzen zieht, so ist jetzt an den östlichen Küsten die Zeit des Lebens gekommen. Nun bevölkern sich hier die Buchten und Strassen zwischen den Inseln mit Fischerböten oder kleineren Schiffen, welche die Producte des Landes nach Cebú oder Manila führen; handeltreibende Chinesen bringen die Manufacturwaaren von China, um sie gegen Gold, Abaca, Reis, den balate und Kaurischnecken einzutauschen. Zu dem Fang der letzteren ziehen jetzt zahlreiche kleine meist nur 3–4 Mann enthaltende Bote aus. Und nun ist auch, wenigstens für den Südosten des Archipels, die für den christlichen Bewohner gefährlichste Zeit gekommen; denn jetzt erscheinen die muhamedanischen Piraten in ihren leichten und 60–70 Männer haltenden "panco's", die mit der grössten Verwegenheit ihre Raubzüge bis nahe an die Hauptstädte der spanischen Provinzen heran ausdehnen.

Wie bei uns, so zeigen auch auf den Philippinen manche T h i e r e d e s L a n d e s eine Periodicität ihrer Lebenserscheinungen, welche dann abermals, wie bei den Pflanzen, durch das relative Verhältniss zwischen Wärme und Feuchtigkeit mehr oder weniger beeinflusst werden. Obgleich die Mehrzahl der Insecten hier, wie wohl in den meisten aequatorialen Ländern auch, an keine Jahreszeit[5] so scharf gebunden zu sein scheint, als dies bei uns in Europa durch die Kälte des Winters geschieht, so fällt doch gerade die Ausbildung der grössten Individuenzahl in die Monate Mai bis Juli, in welchen bei zunehmender Feuchtigkeit und steigender Sonnenwärme die günstigsten Bedingungen für eine massenhafte Entwicklung derselben gegeben sind. Dann auch haben die Bienen des Waldes ihre Waben mit süssem Honig gefüllt, der aber statt den auskriechenden Larven den nach Süssigkeit lüsternen Negern und Malaien zur Beute fällt. Zu gewissen Zeiten steigen grosse Fischschwärme in die Mündungen der Flüsse hinauf, die nun auf ihrem Wege von den Malaien mittels einer Unzahl verschiedener Instrumente zu Millionen gefangen werden. Schon die ältesten Schriftsteller erwähnen die unglaublichen Mengen der kleinen kaum fingerlangen Fischchen, die nun in grossen irdenen Krügen—den tinaja's—eingesalzen werden, um dann mit nächster Gelegenheit nach Manila übergeführt zu werden; denn nicht in allen Provinzen soll dieser Fisch gefangen werden, so dass der "bagon"—so heisst der eingesalzene Fisch—im inneren Handel und Verkehr eine nicht unbedeutende, aber leider nicht in Zahlen auszudrückende Rolle spielt. In jeder Beziehung aber eigenthümlich und charakteristisch für die grosse Verschiedenheit der klimatischen Verhältnisse von L u z o n und M i n d a n a o, ist ein Fisch des süssen Wassers, welcher über den ganzen hinterindischen Archipel und Indien selbst verbreitet ist. Es ist die Gattung O p h i o c e p h a l u s [6], welche jener eigenthümlichen Gruppe von Fischen angehört, die durch besondere Wasserreservoire an den Seiten des Kopfes ausgezeichnet sind, so dass sie auf ihren Zügen über Land oder beim Erklettern der Palmenbäume auf lange Zeit Wasser genug zur Befeuchtung ihrer Kiemen und damit zu ihrer Athmung bei sich führen können. Es ist die Zahl dieser Labyrinthfische eine ziemlich grosse; aber es sind fast ausschliesslich die Arten der genannten Gattung, welche als beliebte Speise von den Eingebornen zu Tausenden gefangen und verzehrt werden. Ihr Fang nun wird in Luzon ganz anders betrieben, als in Mindanao. Während der trocknen Jahreszeit versiegen auf Luzon zahlreiche kleinere Bäche, und die Sümpfe und Reisfelder trocknen aus, in denen jene Fische lebten.—Diese ziehen sich in die wenigen Seen zurück, aber zum grössten Theile wohl bohren sie sich tiefer in den Schlamm des Bodens ein, wo sie nun bis zum Anfang der nassen Jahreszeit durch eine harte sie bedeckende Erdkruste gegen die Nachstellungen der Menschen geschützt, im Winterschlaf versunken zubringen. Thatsache ist es, dass während dieser Zeit nur sehr geringe Mengen des "dalag"—so heisst dieser Fisch auf den Philippinen—auf den Markt von Manila kommen. Wenn aber dann nach den ersten heftigen Regentagen im Monat Mai die harte Erde sich zu erweichen beginnt, und der Regen die Reisfelder wieder mit frischem Wasser zu füllen anfängt, so brechen jetzt die im

Schlamme vorsteckten Fische hervor und tummeln sich in grosser
Menge in den Pfützen und auf den nassen Feldern im Schlamme
umher. Dann auch scheint die Zeit des Laichens und des
Auskriechens der Jungen gekommen zu sein, denn zahllose Mengen
werden nun von den Fischern oder den Landbauern, welche ihre
Reisfelder bestellen wollen, gefangen und zu Markte gebracht.
Letztere schlagen die Fische einfach mit Knitteln todt; denn ihre
Zahl in den Reisfeldern ist so gross, und das Wasser so seicht, dass
die Bewohner hier, statt sie mit Netzen zu fangen, nur auf's
Geradewohl in den Sumpf hineinzuschlagen brauchen. Es gibt eine
tagalische Redensart, etwa unserem "blind darauf losschlagen" zu
vergleichen, die von diesem eigenthümlichen Fang des dalag
hergenommen ist (magpapalo maudin naun dalag d. h. schlagen wie
auf einen dalag). Es ist vor Allem die grosse Centralebene Luzon's,
in welcher alljährlich Hunderttausende auf solche Weise gefangen
werden. Ganz anders wird der Fang in Mindanao im Sumpfgebiet
des Agusan betrieben. Die Zahl der in diesem Gebiete lebenden
Christen ist eine sehr geringe; die ziemlich zahlreichen Manobo's
und Mandayas haben ihre Wohnsitze rund um das Sumpfgebiet
herum und treiben keine eigentliche Felderwirthschaft, wie es die
christlichen Bewohner thun. Sie bauen immer nur in trocknen
Gegenden den Bergreis. So kommt es, dass jetzt wenigstens[7] die
ausgedehnten bei den Ueberschwemmungen des Agusan unter
Wasser gesetzten Flächen nach allen Richtungen hin von Canälen
durchschnitten und weder durch Dämme eingeschlossen, noch
überhaupt durch den regulirten Lauf der Flüsse, wie in Luzon,
bestimmt abgegränzt sind. Den Fischen bleibt also, wenn mit
Eintreten der trocknen Jahreszeit die Wasser zu sinken beginnen,
der Ausweg in die Flüsse und die grösseren Teiche oder Seen nach
allen Seiten hin offen. Aber auch so können sie den Nachstellungen
der Menschen nicht entgehen. Denn nun ziehen die Heiden hinunter
in das Sumpfgebiet und bauen sich hier zeitweilig ihre elenden
Hütten auf, um in den Winkeln der Flüsse zahlreiche Fischreusen
oder grosse gegen den Strom gerichtete Netze aufzustellen, in
welchen dann die mit der Strömung immer tiefer hinab ziehenden
Fische gefangen werden. Leider kam ich im Jahre 1864 zu spät—
da mein ursprünglicher Reiseplan durch ungünstige Momente
gänzlich verändert wurde—, um noch das nach den Schilderungen
der Eingebornen äusserst interessante Leben der mit dem Fang des
dalag beschäftigten Manobo's beobachten zu können. Nur ein
schon halbverfallenes, aus den elendesten Hütten auf Pfählen rasch

aufgeschlagenes Dorf sah ich noch. Eine Frau mit einigen kleinen
Kindern war beschäftigt, die letzten noch vor einigen Tagen
gefangenen Fische über dem Feuer zu dörren.

Indem wir so überall im Leben der Thiere wie der Pflanzen den
entscheidenden Einfluss der umgebenden Natur, vor Allem der
klimatischen Verhältnisse in ihrer grossen Mannichfaltigkeit kennen
lernten, so wurden wir durch sie auch schon auf die Einwirkung
mehr oder weniger deutlich hingewiesen, welche das Klima und der
Boden, die Pflanzen und Thiere in ihrem periodischen Auftreten
auch auf den Menschen haben mussten. Wir wollen in den nächsten
Skizzen sehen, ob und wie sich der philippinische Mensch allmälig
in seiner geschichtlichen Entwicklung von den Fesseln, welche ihm
die Natur geschlagen, zu befreien vermocht hat.

IV.

Die Negrito's und die heidnischen malaiischen Stämme.

Auf der Bühne, deren Bretter und Coulissen, Drähte und Maschinen wir jetzt hinreichend kennen gelernt haben, spielte seit Jahrhunderten, wie überall, der Mensch sein blutiges Drama. Auf den Philippinen, wie bei uns, ist das erste Auftreten des Menschen in fast undurchdringliches Dunkel gehüllt. Wie aber in Europa die Ueberreste der Pfahlbauten mit ihren Waffen und Kochgeschirren, Schmuckgegenständen und Skeletten unsere Phantasie im Aufbau einer vorkeltischen Menschenperiode Europa's unterstützen; so haben uns die früheren Bewohner der Philippinen zwar keine Denkmäler, wohl aber einige lebende Stämme überliefert, die uns in ihren Sitten und Gebräuchen ein ziemlich getreues Bild vergangener Jahrhunderte liefern.

Hier scheinen nun Negerstämme die ersten Besitzer des Landes gewesen zu sein; wenigstens hat man von anderen Völkern, die ihnen vorangegangen wären, keine Kunde, und auch die Steinbeile[1], welche man mitunter auf diesen Inseln findet, lassen sich ganz ohne Zwang auf eine schwarze Bevölkerung beziehen. Der Papua-Race auf Neu-Guinea und den angrenzenden Inseln, sowie den Bewohnern der Fidji-Inseln und anderer Inselgruppen im stillen Ocean nahe verwandt[2] in psychischer Beziehung und in vielen ihrer Sitten und Gebräuche, stehen sie doch in Bezug auf Cultur und Gesittung auf einer viel niedrigeren Stufe, als die Negerracen der Inseln im stillen Ocean. So könnte man entweder in ihnen einen auf niedriger Entwickelungsstufe stehengebliebenen, oder einen unter dem, Jahrhunderte alten, Einflusse späterer Einwanderer degenerirten Zweig des allgemeinen Papua-Stammes sehen, von welchem eine Anzahl frischer noch grünender Aeste als die Repräsentanten des höchsten Culturzustandes, den diese Race erlangen konnte, anzusehen wäre. Wenn man nach den spärlichen in Werken spanischer Autoren niedergelegten Notizen über die Negritos der Philippinen sich den Einfluss der malaiischen und christlichen Periode construirt, so glaubt man freilich zu erkennen, dass man es nur noch mit den herabgekommenen Enkeln einer einst viel höher stehenden Race zu thun hat.

Im Süden der Philippinen scheinen sie gänzlich ausgerottet zu sein. Allerdings geben alle Autoren an, dass im Osten wie im Innern Mindanao's noch echte Negritos leben, eine Meinung, die aber auf vollständiger Unkenntniss der dortigen Stämme beruht. Nur die wenig zahlreichen Mamanua's im Osten Mindanao's haben Negerblut in ihren Adern, aber sie sind ein Mischlingsvolk, das als solches auf den ersten Anblick kenntlich ist. Mit Ausnahme der Insel Negros, wo noch einige wenige Negerfamilien namentlich in der Gebirgsgegend um den Vulcan herum hausen sollen, sind die Autochthonen auf sämmtlichen Inseln der Visayas verschwunden. Im südlichen Luzon scheinen sie auch zu fehlen; mehr und mehr gegen den Norden zu aber treten sie immer häufiger sporadisch auf —so an der Ostküste auf der Insel Alabat, bei Mauban, in der Bergkette von Mariveles und Zambales, an der Ostküste bei Baler, dann bei Casiguran, bis sie endlich von Palanan an bis an das Cabo Engaño hinauf ausschliesslich die Küste sowohl, wie die Gebirgsgegenden der östlichen Bergkette bevölkern. Wenn irgendwo, so sind sie hier noch in ihrer grössten Reinheit der physischen wie der geistigen Charactere zu finden.

Bei einer durchschnittlichen Körperhöhe von 4′ 7″ par. (Männer) und 4′ 4″ (Weiber) sind ihre Glieder dem entsprechend ungemein zart, aber wohl gebildet. Mit rundem, namentlich bei den Weibern stark ausgeprägtem Gesicht, äusserst dicker, braunschwarzer, glanzloser und wollig-krauser Haarkrone; mit geradem, wenig vorspringendem Kiefer und schwach gewulsteten Lippen, mit sehr flacher und breiter Nase und dunkelkupferbrauner Körperfarbe—so bilden diese Neger körperlich einen schroffen Gegensatz zu den grösseren und eckiger gebauten malaiischen Usurpatoren. Durch die ungemeine Schmächtigkeit ihrer Beine und die verhältnissmässig grossen Bäuche—muy barrigudos nennen sie die spanischen Historiker—erinnern sie etwas an die glatthaarigen Bewohner Australien's. Die Milde des tropischen Klima's nimmt sich freundlich ihres fast gänzlich nackten Körpers an, den sie unter leicht beweglichen Schirmen, wie sie auch unsere Steineklopfer haben, gegen heftigen Wind und Regen oder die allzuheisse Sonne schützen. Unter ihnen ausgestreckt liegen sie auf dem heissen Sande des Meeresstrandes oder am Ufer der Gebirgsbäche, immer bereit, die schnell gebaute Hütte einige Meilen weiter zu tragen, wenn Mangel an Nahrung sie dazu zwingt. Mehr Sorgfalt, als den Schürzen und Schenkelbinden, wenden sie ihren Zierrathen zu, die sie in Form von wunderlich gestalteten Ohrgehängen, Ringen für Beine und Arme, Halsketten und einigen Utensilien für den Taback und das Betelkauen sich aus Wurzeln und Stücken Holz, sowie Fasern der Pandanus-Arten flechten. Nur die Reichsten unter ihnen gestatten sich den Luxus einer von den Christen erhandelten Matte zum Schlafen. Auch das Tättowiren üben sie; wenngleich lange nicht in dem Maase, wie die Malaien in der westlichen Cordillere Luzon's. In der Verbindung der dabei angewandten Verzierungen, lauter gradlinigen Mustern, weichen die an verschiedenen Orten lebenden Negritos nicht von einander ab; wohl aber in der Weise des Tättowirens selbst. Die Neger der Ostküste von Baler an bis hinauf nach Palanan brauchen dazu eine Nadel[3], wie sie auch bei den Malaien in Gebrauch ist; die von Mariveles dagegen bringen sich in ihrer Haut lange Schnitte an, durch deren Combination sie die gewünschten Muster erzielen. Bei diesen erhebt sich die Zeichnung in Form von hohen Narben, während bei den mit der Nadel tättowirten Negern die Haut ziemlich glatt bleibt.

Ihr Charakter ist meistens besser, als sein Ruf. Von Natur sind sie zutraulich, frei und offen, misstrauisch nur im Verkehr mit den Christen, den Räubern ihres Landes; ausdauernd und an Muth den malaiischen Nachbarn weit überlegen; bereitwillig zu Diensten, sobald diese nur im Bereich des Gewohnten liegen; und von einer unbegrenzten Liebe zur individuellen Freiheit und zum Wanderleben. Von ihrer wirklich gutmüthigen Natur erhielt ich im Land der Iraya's[4] an der Westseite der Cordillere von Palanan einen freundlichen Beweis. In der einen Hälfte dieses Stammes fand ich eine sehr ungastliche Aufnahme, und hier schienen sich die Bewohner fast gänzlich allen intimen Umganges mit den Negern zu enthalten; in der andern aber hatte die unverkennbare grosse Vermischung mit den Negern allen Leuten ein so freundliches Wesen eingeprägt, dass mir der Gedanke an die Wochen, die ich unter ihnen zubrachte, mit zu meinen liebsten Reiseerinnerungen gehört. Grosse unbesiegbare Liebe zu ihrer Heimath und zu ihrem Wanderleben spricht sich häufig in den Erzählungen der Spanier über eingefangene und in Manila erzogene Neger aus. Doch irrt man sich wohl, wenn man diesen nicht zu bändigenden Trieb nach dem Herumschweifen in den Bergen und am Meeresufer für das wesentlichste Attribut dieser bedürfnisslosen Naturkinder ansieht. Es scheint vielmehr die allerdings wohl vorhandene Anlage dazu durch die Jahrhunderte alte Verfolgung von Seiten der Malaien und nachher der Christen, und vor Allem durch die immer mehr zunehmende Trennung eines politischen Zusammenhanges unter den einzelnen Clan's dieser Negerstämme in ihr jetziges Extrem ausgebildet worden zu sein. Eine gewisse Tendenz zur Isolirung haben alle sogenannten wilden Völkerschaften; und wo sich gewaltsam der in primitiven Zuständen, und bei geringer Dichtigkeit der Bevölkerung überhaupt nie sehr innige und feste Zusammenhang der Clan's untereinander löst, und sich zwischen sie nun feindliche Stämme einschieben, welche jede Möglichkeit des Verkehrs abschneiden: da wird diese Unabhängigkeitsliebe des Einzelnen sich immer mehr steigern, das geringe Bedürfniss nach Einigung grösserer Massen in gleichen Gesellschaftsformen nothwendig absterben müssen. Und wie sich so in dem socialen Zustande der isolirt lebenden Familiengruppen, in dem allmäligen Verlust aller ihnen eigenthümlichen Eigenschaften, ja sogar ihrer Sprache[5], dieser verderbliche Einfluss der Trennung des politischen Zusammenhanges naheverwandter Stämme ausspricht; so drückt sich andererseits in dem täglichen Leben, in ihrem Kampfe ums Dasein der für sie jetzt fast allmächtige Einfluss des Klima's aus.

Ohne bedeutenden Handel, ohne Ackerbau, bilden die Herzen der Palmensorten und die Wurzeln der vielen wild wachsenden Aroideen, sowie die jagdbaren Thiere des Waldes—Rehe, Schweine —und die Fische des Meeres und der Flüsse ihre einzigste Nahrung. So ziehen sie in kleinen Truppen von 6–8 Familien bald in den tiefen Schluchten der Berge am Ufer der Giessbäche oder des Meeres einher, je nachdem die Jahreszeit gerade hier oder dort eine beliebte Wurzel in Menge reifen oder eine gesuchte Fischart in die Flüsse heraufsteigen und am Ufer in Schwärmen erscheinen lässt. Die Werkzeuge, die sie beim Fischfange und auf der Jagd gebrauchen, sind zugleich die einzigen Waffen. Mit Bogen und Pfeilen stellen sie im Wald den Rehen und Schweinen, wie dem feindlich gesinnten Ylungut[6], im Wasser des Meeres und der Flüsse den Fischen nach. Mit ihren eisernen Messern, den sogenannten bolo's, welche sie von den Christen erhalten, vertheidigen sie sich heute muthig gegen einen hinterlistigen Angriff ihrer an Zahl überlegenen aber feigeren Feinde, während sie morgen mit demselben Messer in friedlicher Arbeit die Wurzeln ausgraben, die ihnen zum Unterhalt der nächsten Wochen dienen sollen. Wenn dann alljährlich die aufsteigende Sonne im April und Mai tausendfältiges Leben im Verein mit der grossen Regenmenge hervorruft, und alle die Formen von Schmetterlingen und anderen Insecten, die in kälterer oder in trockener Jahreszeit nur in wenig Individuen lebten, nun auf einmal zu Hunderten erscheinen—dann ist auch für die Negritos die Zeit festlicher Erndten gekommen. Denn nun ziehen sie aus, Klein und Gross, in den dichtesten Wald hinein und suchen die längst schon von dem Entdecker bezeichneten Baumstämme aus, in deren Krone ein Schwarm wilder Bienen sich seit Monaten am Aufspeichern des Honigs erfreut hatte. Jetzt sind die Waben gefüllt, denn die Zeit naht, in welcher Feuchtigkeit und Sonnenwärme die Larven der Bienen zum Ausschlüpfen bringen. Aber ehe diese zum Leben erwachten, hat der nach Honig lüsterne Neger durch Rauch giftiger Kräuter den Schwarm der Bienen aus ihrem Baume vertrieben. Den Honig lässt sich der Negrito wohl schmecken, das Wachs aber presst er in wenig gereinigte Kuchen, welche er gegen Glasperlen, Strohmatten, etwas Reis und den über Alles geliebten Taback an den christlichen Händler verkauft. Bald aber ist der Reis und der Honig verzehrt, und nun geht das alte Wandern wieder an von einem Ort zum andern, rast- und ruhelos, bald am Meer, bald in den tiefsten Bergschluchten, bis ihnen endlich im nächsten Jahr das stärkere Schwirren der Insecten die Rückkehr ihres Honigmonates anzeigt.

Auch über die erste Einwanderung der M a l a i e n fehlen uns jegliche historische Documente und ebensowenig haben sie uns Monumente ihrer früheren Lebensperioden hinterlassen. Wohl aber ist die Zahl der noch unabhängigen, nicht vom Christenthum veränderten heidnischen Stämme dieser Race eine sehr grosse, wenn man sie mit den spärlichen Resten der Neger[7] vergleicht. Da sie wenigstens auf einigen Inseln der Gruppe, namentlich im Osten Mindanao's und im Norden Luzon's noch in ziemlich dichten Mengen bei einander leben, so können wir hoffen, uns durch das eingehende Studium dieser Racen ein recht genaues Bild von dem Culturzustande des Landes zu entwerfen, wie er hier einige Jahrhunderte vor der christlichen Zeit etwa bei Ankunft der muhamedanischen Priester herrschen mochte. Diese letzteren scheinen sicherlich vom Südwesten herauf gegen die Philippinen nach Norden und Osten vorgedrungen zu sein, und so finden sich dem entsprechend gerade im Norden Luzon's und im Osten Mindanao's diejenigen Stämme, welche in ihren Sitten und

Gebräuchen noch den reinsten nicht durch muhamedanische Glaubenslehren veränderten Charakter zeigen.

Innerhalb dieses gemeinsamen, am besten wohl durch das Wort "malaisch" bezeichneten Wesens besitzen die einzelnen Stämme zahllose Verschiedenheiten des Dialectes und der Sitten, der Kleidung, des Charakters und Körperbaues, und in vielen Fällen lassen sich deutliche Spuren fremder Beimischung aufzeigen, welche in einem Falle sogar durch ein einheimisches der tagalischen Sprache angehöriges Wort bezeichnet ist. Die M a m a n u a's an der Ostküste Mindanao's führen ganz das Leben der Negrito's, unterscheiden sich aber wesentlich von ihnen durch die von den Angehörigen selbst zugegebene Vermischung mit den malaiisch-christlichen Nachbarn. Das Wort "Mamanua" bedeutet "Waldmensch". Als eine ähnliche gemischte Race zwischen Negern und Tagalen gibt sich die in der Provinz Pangasinan lebende Race der "B a l u g a's" auf den ersten Blick zu erkennen. Hier aber zeigt die Bedeutung des Wortes, welches nichts weiter sagen will, als "M i s c h l i n g", dass diese Race schon vor der Ankunft der Spanier existirte und dass sie sich wahrscheinlich seit Beginn der malaiischen Einwanderung zu bilden begonnen hatte. Endlich zeigen gar viele der andern heidnischen Stämme eine deutlich zu erkennende Beimischung von chinesischem Blut, für welche sich in einigen Fällen wenigstens auch ein schwacher historischer Beleg auffinden lässt.

Wir wollen uns als Beispiele zur Illustrirung dieser malaischen Periode einige Stämme im Norden Luzon's und in Mindanao ansehen, die ich selbst Monate lang zu beobachten Gelegenheit hatte.

Wenngleich die im Westen der nordöstlichen Cordillere von Luzon, nicht weit von Palanan, lebenden I r a y a's im Körperbau unverkennbar malaiischen Typus zeigen, so lassen sie doch auch wieder ebenso deutlich zweierlei verschiedene Beimischungen erkennen. Chinesisches Blut fliesst sicherlich in den Adern eines Zweiges, welcher an dem östlichen Arme des Rio de Ilagan, dem C a t a l a n g a n, wohnt, von dem sie den Namen der C a t a l a n g a n e s erhalten haben. Die eigentlichen Iraya's dagegen am I l a r ö n leben gesellig mit den Negrito's der Umgegend, verbinden sich mit ihnen und führen mit ihnen ein glückliches harmonisches Leben. Auch mischen sich nicht selten mit ihnen sogenannte "Cristianos remontados", christliche Bewohner der Ebenen, welche sich vor dem strafenden Arme der Behörden in die ziemlich unzugänglichen Berge der Iraya's geflüchtet haben. Solche Verschiedenheit der Mischung spricht sich auch in ihren Sitten und Gewohnheiten, wie in ihrem Charakter aus. Bei jenen, den Catalanganes, sind die Aecker, trotz des Mangels an Büffeln und jeglichen Instrumenten zum Säen und Erndten,—sie schneiden die Reishalme nur mit einem kleinen Messer einzeln ab—völlig rein von Unkraut und Steinen, und der üppig gedeihende Reis gewährt ihnen eine überreiche Erndte. Bei den Iraya's—im engeren Sinne des Wortes—werden schon Büffel benutzt, aber ihre Reisfelder geben ihnen wegen geringer darauf verwandter Sorgfalt nur wenig einträgliche Erndten. Die Häuser der Catalanganes sind meistens mit sehr dichten hohen Dächern aus Rohr oder Gras—sogenanntem cogon—versehen, während die Iraya's die leichter herzustellenden, aber wenig schützenden flachen Dächer aus gespaltenen Bambusrohren vorzuziehen scheinen. Während bei jenen die freien Plätze, um das Haus und unter demselben, auf welchen einige kleine ihren Göttern geweihte Monumente stehen, auf das Sorgfältigste rein gehalten werden, lassen diese allerlei Gras und Unkraut auf ihnen wachsen und werfen wie die Tagalen bei Manila allen Kehricht durch die Spalten des Fussbodens hinunter. In ihrer Kleidung und ihren Zierrathen stimmen beide Stämme so ziemlich überein. Aber während die Catalanganes als Tättowirungsmuster sowohl, wie als Ornamente für ihre heiligen Plätze, ausschliesslich Schriftzüge anwenden, welche mir chinesischen oder japanesischen Ursprungs zu sein schienen, wenden die Iraya's überall nur die aus geraden oder einfachen krummen Linien gebildeten Verzierungsmuster an, wie wir sie schon bei den Negern gefunden haben. Als ich im Juni 1860 mit 21 Christen von Palanan über die Cordillere gegangen war, waren wir nahe daran inmitten der grossen in Scheunen der Catalanganes aufgespeicherten Mengen von Reis und Mais Hunger's zu sterben; denn unsern Bitten um Lebensmittel setzten sie beharrliche Weigerung entgegen. Ich sah mich gezwungen, mit den Waffen in der Hand mir die Lebensmittel zu rauben, die sie mir nicht gutwillig geben wollten, und für die ihnen dann keine Bezahlung hoch genug zu sein schien. Nur die ernste Drohung einer unnachsichtlich einzutreibenden Kriegssteuer brachte mir in Minanga, von wo ich meine Leute nach Palanan zurückschicken wollte, so viel Mais und Reis ein, dass ich Letzteren hinreichende Lebensmittel mit auf den Weg geben konnte. Als stummen Zeugen ihres vollständigen Mangels an

Gastfreundschaft zeigten mir meine Begleiter, kurz vor der Ankunft im Lande dieser Egoisten, mitten im Walde einen Steinhaufen, welchen fromm geübter alter Brauch der Bewohner Palanan's zum Andenken an einen hier vor Hunger umgekommenen Christen aufgeworfen hatte. Auf seinem Durchmarsch durch ihr Land hatten die Catalanganes ihm auch nicht ein Körnchen Reis für Geld oder gute Worte geben wollen. Wie anders zeigten sich mir die wenige Meilen davon wohnenden Iraya's. Hier machten überall die gastlichste Aufnahme, Geschenke aller Art für mich und meine Leute, veranstaltete Feste und gern gewährte Unterstützung beim Besteigen der Berge oder zum Rudern des Bootes das Reisen leicht und zu einem wahren Vergnügen, so dass ich ihnen das Versprechen gab, sie bald wieder zu besuchen, als ich durch heftiges Fieber gezwungen wurde, ihr Land zu verlassen. Leider verhinderte mich die Entwicklung meiner Reisepläne an der Ausführung dieses Vorhabens.

Der Glaube beider Stämme aber hat, trotz mannichfacher Abweichungen, doch wieder so viel des Aehnlichen, dass wir wohl sicher annehmen dürfen, in den wenigen erkennbaren Spuren, die auch noch allen übrigen Wilden des Landes gemeinsam sind, die Reste eines religiösen Glaubens zu sehen, wie er in der rein malaiischen Periode vor Ankunft der Muhamedaner dort geherrscht haben mag. Ausser einigen Götterpaaren, über deren Beziehungen und Attribute ich nicht recht klar zu werden vermochte, huldigen sie ganz besonders den Seelen ihrer Vorfahren, die sie unter dem Namen "Anito" in die Reihen ihrer niedrigeren Götter aufnehmen. Es sind Hausgötter, wahre Laren und Penaten. Hier steht in einer Ecke des Hausinnern eine Art Topf, der an und für sich nichts Auffallendes hätte; aber man sieht leicht, dass die Glieder der Familie diese Ecke mit grosser Ehrfurcht behandeln. In dem Topfe hat einer ihrer Anito's seinen Sitz. Der Platz unter dem Hause, welcher gemeiniglich auch als Begräbnissplatz dient, ist durch verschiedene Abzeichen anderer Anito's geheiligt, ebenso der kleine vor dem Eingang und noch unter dem Dache, des Hauses befindliche Platz vor der Leiter, die Hütte, in welcher die Schmieden befindlich sind, und vor Allem die durch besondere, kleinen Häusern ähnelnde Altäre ausgezeichneten Plätze vor dem Hause. Auch die Erndte ist ihren Anito's geheiligt, denen sie die Erstlingsfrüchte darbringen in grossen allgemeinen Festen. Jenen andern höherstehenden Göttern scheinen sie auf der Seite des Catalangan einen besonderen Dienst in einem Tempel zu weihen.

Leider verhinderte mich Krankheit, den Ort, wo dieser stehen sollte, zu besuchen.

So stehen die Iraya's mit ihrem schon ziemlich hoch ausgebildeten Glauben und ihrem Ahnencultus, dem eifrig betriebenen Ackerbau und dem sparsamen, für die kommende Zeit sorgenden Sinn, und der grossen Kunstfertigkeit, die sich im Bau ihrer Häuser wie ihrer Ornamente ausspricht, den reinen Negrito's weit überlegen gegenüber. Desshalb auch erscheinen sie weniger abhängig von der Natur. Um ihre Reisfelder und Tabacksplantagen vor den verheerenden Ueberschwemmungen zu schützen, haben sie Dämme angelegt; im Flusse verfolgen sie die grösseren Fische zwar noch mit dem Speere, aber durch Wehre wissen sie die zu bestimmten Zeiten massenhaft auftretenden kleineren Sorten in zahlloser Menge einzufangen, die ihnen eingesalzen für lange Monate dienen; durch reich versorgte Vorrathshäuser bezwingen sie die feindliche Gewalt der Heuschreckenschwärme oder der Misserndten und so spricht sich fast in jeder kleinen Beschäftigung ihres Lebens die schon beginnende Herrschaft des Menschen über die Naturgewalten aus. Aber dem allmächtigen Einfluss der Jahreszeiten, des periodischen Wechsels der Monsune mit ihrer Dürre oder ihrem Regenüberfluss gehorchen auch sie, wie ihre Nachbarn, die frei wie das Wild herumschweifenden Neger, und so regeln sich auch bei ihnen nicht bloss die Zeiten der Saat und der Erndte, sondern auch die ihrer nationalen und religiösen Feste nach dem Laufe der Sonne.

Auf der westlichen Seite der Insel leben in der Berglandschaft, welche man gewöhnlich als Land der Y g o r r o t e s bezeichnet, eine Anzahl von Stämmen nebeneinander, die sich untereinander sowohl, wie von den ebengeschilderten Iraya's in mehr als einer Beziehung unterscheiden. Während diese, im höchsten Grad friedlich, als fleissige Ackerbauer zu bezeichnen sind, haben jene als muthige Vertheidiger ihres angestammten Bodens schon häufig den eindringenden Spanier abgewehrt, und die Proselytenmacherei der christlichen Pfaffen mit heidnischem Trotze erschwert. Ganze Districte sind in diesem Kampfe in den letzten Jahrzehenten[8] wüst gelegt. Hier wurden Dörfer niedergebrannt und ihre Einwohner verjagt, weil einer derselben einem Christen das Haupt abgeschlagen hatte; dort wurden die eben der Blattreife nahenden Tabackspflanzen auf Hunderten von Aeckern von den Soldaten der Regierung umgehauen, um den Schmuggel mit dem Taback auszurotten; Wasserleitungen, welche die sorgsam gesammelten

kleinen Quellen der steilen Berggehänge den terassenförmig
aufgebauten Feldern entgegenführten, wurden zerstört und überall
lässt sich der verderbliche Einfluss nachweisen, welcher vor Allem
die sogenannte Comandancia de Ygorroles auszeichnete. Seitdem
die Regierung aber eine Anzahl kleiner Provinzen aus diesem
Bergdistrict gemacht und namentlich angefangen hat, die in
M a n c a y a n zum Betriebe der Kupferminen etablirte Empresa
Cantabro-filipina zu unterstützen oder wenigstens nicht zu hindern;
seitdem hat der Handel und Verkehr in diesen Gegenden und mit
ihnen auch das gegenseitige Zutrauen in erfreulichem Maase
zugenommen. Obgleich vortreffliche Ackerbauern, die den
stammverwandten Iraya's selbst noch überlegen sind, drückt ihnen
doch das kriegerische Leben einen eigenthümlich herben und wenig
freundlichen Charakter auf, den sie aber häufig durch
Zuverlässigkeit und Offenheit mildern. Nie gehen die Männer an
ihre Feldarbeit, ohne mit Lanze, Schild und einem breiten, mit
Spitze versehenen Beile ausgerüstet zu sein, welches letztere ihnen
sowohl zum Erklettern der Bäume wie zum Aufspiessen der Köpfe
erschlagener Feinde dient. Selbst in ihren Häusern legen sie selten
ihre Waffen ab. Dabei sind sie, vergleichsweise gesprochen, die
industriellsten der wilden Völkerschaften des Nordens. Sie hatten
von jeher den Ruf, die trefflichsten Schmiede zu sein, und eben das
erwähnte Beil, die sogenannte "aligua" wird von ihnen in Massen
nach dem Osten und Norden hin ausgeführt. Mit grosser Kunst
wissen sie metallne Ketten zu schlingen, und die von ihnen selbst
verfertigten kleinen Thonpfeifen stehen auf einer hohen Stufe der
Vollendung. Neben diesen findet man auch häufig kleine kupferne
Pfeifen, meistens die Gestalt eines in nationaler Weise
niederhockenden Mannes nachahmend, welche in dem seit alten
Zeiten berühmten Erzgiesserorte B u g u i a s verfertigt werden.
Lange vor der christlichen Zeit schon scheinen die Ygorrotes aus
der Umgegend von Mancayan die dortigen reichen Kupferminen
ausgebeutet zu haben, aus deren durch einfache Calcinirung
gewonnenen Erträgnissen sie die wegen ihrer Reinheit
weitberühmten kupfernen Kessel verfertigten. Auch das Gold, das
sie theils aus Quarzminen gewinnen, theils aus dem Sand der Flüsse
auswaschen, wissen sie zu allerlei kleinen Schmucksachen zu
verarbeiten und mit dem im Handel erhaltenen Silber zu legiren. Was
sie aber ganz besonders, sowohl vor ihren heidnischen wie auch
christlichen Stammesgenossen auszeichnet, ist ihr erfinderischer
Geist in der Construction von Vogelscheuchen, die sie auf ihren
Feldern gegen die zahlreichen Reisvögel anbringen. Hierzu benutzen

sie die Kraft der zu den Feldern herabströmenden Bergbäche, die sie durch ein geschickt angebrachtes und dem Stosse ausweichendes, dann aber zurückschnellendes Bambusrohr einem oft sehr complicirten Systeme von klappernden Stöcken und sich bewegenden Tuchfetzen, menschenähnlichen Figuren etc. mittheilen. Leider sah ich, da ich nach beendigter Erndte in diese Gegenden kam, nur noch ein einziges und kleines dieser Instrumente in Bewegung.

Der etwas finstere und abentheuerliche Geist, der sich ihnen durch solche Beschäftigungen einprägt, und der sich auch in den übrigen Gewohnheiten des täglichen Lebens ausspricht, steht mit der grossartigen Wildheit der sie umgebenden Natur in völliger Harmonie. Nur dort, wo sie in den tiefsten Thälern sich des gleichen sonnigen Klima's erfreuen, wie die christlichen Bewohner der Ebene, schmücken sie sich mit den grellen Farben ihrer Kopftücher oder dem reinen Weiss ihres langen Mantels, den sie um den Körper schlagen. Wo aber in den hohen Bergthälern oder gar auf den 5–6000′ hohen Bergzügen die Bewohner im feuchten, nur Fichten, Gras und eine gesellig lebende Farre erzeugenden Boden nach Gold wühlen oder an den schroffsten Abhängen mit unsäglicher Mühe Felsblöcke zu einer Mauer aufthürmen müssen, um sich einen kleinen Fleck horizontalen Landes für ihren Reisbau zu gewinnen; da steht das vorherrschende Indigblau, das mitunter von ursprünglich weissen Streifen unterbrochen wird, mit dem düsteren Sinn und dem vielen Nebel der Landschaften und dem dunkeln Grün der Fichtenwaldungen in Einklang. Nur der auch über den höchsten Höhen schwebende philippinische Falke (Falco pondicerianus) deutet dem Reisenden an, dass er sich im tropischen Lande befindet; oder es grüsst ihn die 2 Zoll grosse blendend weisse Blüthe einer Orchidee (Phalaenopteris), die sich auf hohem Fichtenzweige schaukelt, wie eine Freundin aus sonnenhelleren Gegenden.

Ein ganz anderes Bild wieder zeigen uns die stammverwandten heidnischen Stämme im Osten von M i n d a n a o , unter denen vor Allem die M a n o b o 's zu nennen sind. Trotz der gleichen psychischen Eigenschaften und obgleich sich auch bei ihnen, und ganz besonders bei den M a n d a y a 's, eine Vermischung mit Chinesen auf den ersten Blick erkennen lässt; ungeachtet der in ihren Grundzügen auch bei ihnen geltenden Anito-Lehre, und der innern Verwandschaft ihrer Sprache, haben sich doch hier eine

Reihe besonderer Eigenschaften entwickelt oder erhalten, die sich in solcher Ausbildung nicht bei den Stämmen des Nordens nachweisen lassen. Während diese schon sesshaft geworden sind und Jahraus Jahrein dieselben Felder bewirtschaften oder dieselben Waffen schmieden, vereinigt hier jeder Vornehme, jeder "bagani", die wenigen von ihm direct abhängigen Menschen um sich herum und lebt so in 2–4 Häusern im dichtesten Walde, weit entfernt von seinen nächsten Verwandten oder Freunden. Hoch auf Pfählen gegründet, besitzt jedes seiner Weiber, deren Menge seinen Reichthum bestimmt, ein Haus für sich, in welchem sie mit ihren Kindern und den ihr zugehörigen Sclaven lebt. E i n e unter ihnen ist die eigentlich legitime Gattin, die auch den anderen Befehle gibt. Diese und die Kinder des bagani, seiner Frauen Brüder, wenn diese selbst keinen Hausstand gegründet haben, und eine Anzahl Sclaven, welche meistentheils Kriegsgefangene sind, müssen für den täglichen Unterhalt sorgen. Neben Taback, Mais, Bananen, Zuckerrohr und camote bauen sie vor Allem Reis in so grosser Menge, dass sie nicht blos für sich selbst hinreichenden Unterhalt des Jahres, sondern auch noch Ueberschuss zum Handel gewinnen. Als ich im August 1864 bei dem "bagani" Adipan im Westen des Sumpfgebietes des Agusan mehrere Wochen gelebt hatte, konnte er mir doch noch, als ich abreiste, auf Monate dauernden Reisvorrath käuflich überlassen, ohne dass in seinen Reisschuppen eine Abnahme des Vorrathes zu bemerken gewesen wäre. Wenige Tage darauf begegneten mir auf meiner Fahrt den Fluss hinunter eine grosse Anzahl Böte von Butuan, dessen christliche Einwohner alle in's Land der Manobo's zogen, um sich für das nächste halbe Jahr zu verproviantiren. Mehr als einmal schon haben die Manobo's mit ihrem Ueberfluss an Reis die christlichen Nachbarn vor dem Hungertode retten müssen.

Die nicht sesshafte Lebensweise dieser Manobo's liegt nun theilweise in der Art ihres Ackerbaues begründet. Die geringe Dichtigkeit der Bevölkerung im Verein mit der erstaunlichen Fruchtbarkeit des Landes gestattet ihnen, der Neigung zur Isolirung zu folgen und zwingt sie weder zur künstlichen Herstellung von Feldern und Bewässerung derselben, noch zu sesshafter Lebensweise. Vielmehr ziehen sie es vor, mit geringerer Arbeit bald hier und bald da ihre Aussaat zu machen, die ihnen dann von dem überreichen Boden mehr als hundertfältig wiedergegeben wird. Das System, das sie dabei befolgen, ist für viele andere heidnische Malaienstämme charakteristisch und wird auch noch von manchen christlichen Bewohnern der Philippinen geübt. Es besteht wesentlich in der primitivsten Bearbeitung des Bodens. Die grossen Waldbäume sowie das Unterholz werden umgehauen und dann, nach gehörigem Austrocknen durch die Sonnenwärme abgebrannt. Zwischen die Asche und die nur sehr flüchtig aufgewühlte Erde werden nun bald die einzelnen Reispflanzen in Büscheln ausgepflanzt oder auch selbst der Reis direct ausgesät. Manche der Körner oder Pflanzen gehen dabei natürlich zu Grunde; aber der Reis, der aufgeht und zur Reife kommt, gibt ihnen in diesen bevorzugten Gegenden nach mehreren an verschiedenen Orten vorgenommenen Zählungen das 250fache Korn. In wenig Jahren erschöpft sich dann der Boden dieses sogenannten "cainin", da sie weder Dünger einführen, noch mit den angebauten Früchten wechseln. Dann ziehen sie weiter, lassen sich auf dem ersten günstig aussehenden Platz nieder und beginnen die Arbeit des Umhauens und Säens von Neuem. Ihre Vorrathshäuser bauen sie auf Pfählen mitten in ihren Feldern. Es ist dieses System der "cainines" auch unter den Christen überall dort üblich, wo der dünngesäten Bevölkerung noch unbeschränkte Bodenfläche zum Anbau zur Verfügung steht; wo aber die Einwohner sich dichter drängen, da werden sie durch die Nothwendigkeit zu einem mehr sesshaften Leben und geregelterer Ausnützung derselben Grundstücke gezwungen. Es unterscheiden sich hierin die Christen durchaus nicht von ihren heidnischen Stammverwandten.

Was aber die Manobo's ganz besonders auszeichnet vor allen übrigen, mir aus eigener Anschauung bekannten philippinischen Stämmen, ist die Form ihres religiösen Aberglaubens. Auch sie huldigen im Wesentlichen dem gleichen Anitodienste, wie die Ygorrotes und Iraya's des Nordens; aber es tritt dieser Ahnencultus hier mehr in den Hintergrund gegen den Dienst, den sie anderen Göttern weihen. So halten sie den Donner für die Sprache des Blitzes, den sie in der Gestalt eines abentheuerlichen Thieres verehren; wenn der Blitz auf die Erde niederfährt und in die Bäume einschlägt, so soll das Thier nach ihrer Meinung mitunter einen seiner Zähne darin stecken lassen. Es sind alte, einer früheren Periode angehörige Steinbeile, die in ihrer Gestalt manchen der in unsern europäischen Pfahlbauten gefundenen ähnlich sehen, und die mitunter von ihnen in Bäumen oder in der Erde steckend entdeckt werden. Auch das Krokodil wird von ihnen heilig gehalten, Krankheiten und Unglücksfälle aller Art personificiren sie; aber der wichtigste ihrer Götter nächst dem "Diuata" (= Anito) der

Erndtefeste ist ihr Kriegsgott, der "tagbusau"[9]. Wenn in der Gegend des Sumpfgebietes des Agusan, um welches herum sich die verschiedenen Familien der Manobo's drängen, im October die Erndte begonnen hat, so fangen die Männer an, ihre Lanzen und Schilde, die Dolche und kurzen Schwerter zu putzen und zu schleifen und wenn dann die Erndte beendigt ist, und der Talisman ihres Kriegsgottes ihnen günstigen Ausgang für den Kriegszug angesagt hat, so schleichen sie in kleinen Trupps unter Anführung ihres "bagani", welcher zugleich der Priester des Gottes ist und dessen Talisman in den Kampf tragen muss, in heimlicher Weise nach der Wohnung ihrer Feinde. Gelingt es ihnen diese frühmorgens noch im Schlafe, oder sonst im Walde zu überraschen, so wird Jeder Erwachsene niedergemacht, die Kinder und Weiber als Sclaven davongeführt. Selten nur kommt es dabei zum offnen Einzelkampfe und dies fällt immer dem anführenden bagani zu, da er als Muthigster seinem Volke voran zu gehen und als Priester seinem Gotte ein Opfer zu bringen hat. Ist der Feind glücklich niedergeworfen und getödtet, so zieht er ein heiliges, nur diesem Dienste geweihtes Schwert, öffnet der Leiche die Brust und taucht die Talismane des Gottes, die ihm um den Hals hängen, in das rauchende Blut ein. Dann reisst er das Herz oder die Leber heraus und verzehrt ein Stück davon, als Zeichen, dass er nun seine Rache an dem Feinde befriedigt habe. Dem gemeinen Volk wird es nie gestattet, Menschenfleisch zu kosten; es ist das Vorrecht, aber auch die Pflicht des fürstlichen Priester's. Immer liegt ihren Kriegen irgend ein persönliches Motiv zu Grunde. Meist aber nimmt die Befriedigung ihrer Rachsucht einen anderen, nicht religiösen Charakter an. Einzeln lauern sie auf Wegen dem Feinde auf, dessen Bewegungen sie wochenlang ausgekundschaftet haben, und stechen ihn von sicherem Versteck aus mit ihren langschaftigen Speeren nieder. Die Schädel ihrer getödteten Feinde bringen sie dann im Triumphe nach Haus, aber sie hängen sie nicht, wie es viele heidnische Stämme in Luzon thun, in und vor ihren Häusern als Wahrzeichen ihrer Tapferkeit auf. Von den Sclaven aber, die sie heimführen, sind immer einige dem Kriegsgotte oder dem Gotte ihrer Krankheiten geweiht. Durch den heiligen Dolch oder das Schwert wird ihnen, am Rande der für sie gegrabenen Grube stehend, mit wenigen sicheren Streichen das Leben genommen. Die anderen Sclaven, Verwandte oder Freunde des Opfers, müssen das Grab mit Erde füllen.

So stehen die Manobo's mit einigen anderen nahe verwandten

Stämmen den Ygorrotes und Iraya's als religiöse Fanatiker gegenüber, bei deren Götterdienst Menschenopfer und Cannibalismus eine hervorragende Rolle spielen. Und zwischen diesen drei, annähernd die Extreme rein malaiischen Culturzustandes repräsentirenden Völkern fanden sich wahrscheinlich alle möglichen Verschiedenheiten der Race, die den Dialectverschiedenheiten parallel gingen. Die älteren spanischen Autoren[10] erwähnen als ein auffallendes, nachher aber rasch vergessenes Factum, dass die Negrito's alle nur eine einzige gleichmässige Sprache sprechen, während die braunen Bewohner der verschiedenen Inseln, obgleich sicherlich alle demselben Stamme angehörig, sich doch durch die grosse Zahl ihrer verschiedenen Dialecte unterscheiden sollten. Nur in einigen wenigen, allerdings aber wesentlich charakteristischen Zügen, stimmten sie alle überein. Einmal waren sie alle nach dem Zeugniss derselben spanischen Schriftsteller Ackerbauer und cultivirten den Reis in solcher Menge, dass er schon bei Ankunft der Spanier[11] einen Handelsartikel bildete. Manche der Stämme mochten damals schon sesshaft geworden sein und den Ackerbau in solcher Vollkommenheit getrieben haben, wie es jetzt die Ygorrotes thun. Dann lebten sie alle in einzelne Clan's getheilt, deren jeder einem Fürsten, einem "bagani", unterthan war. Obgleich die Spanier in ihren Beschreibungen mit dem Worte König (rey) ziemlich freigebig waren, so zeigt das oft gebrauchte Wort "reyezuelo", ein kleiner König, und noch mehr die oft gegebene Erläuterung hierzu, dass die Macht dieser Könige nur in den seltensten Fällen über das nächste Gebiet des Dorfes hinausgriff. Der Anfang einer Staatenbildung scheint nur an den wenigen Puncten gemacht worden zu sein, an denen kurz vor Ankunft der Spanier die von Borneo und Ternate kommenden Muhamedaner sich niedergelassen hatten.—Alle Civilstreitigkeiten wurden nach alter Gewohnheit von dem Fürsten, der seine Stellung theils durch Rang, besonders aber durch persönliche Tapferkeit bewahren musste, im Rathe mit den Aeltesten des Dorfes geschlichtet. Endlich entwickelte sich durch die Sitte der Vornehmen, sich unter den im Kriege geraubten Sclavinnen ihre Concubinen zu wählen, im Laufe der Zeit, wie sich die wenigen Häuser einer Familie zu einem Dorfe vergrösserten, die Classe der Freien oder der "Timava's". Kinder derselben, oder auch ihre Verwandten, die eine Zeit lang als Sclaven gedient hatten, wurden frei gelassen, und diese Classe der Freien stellte sich zwischen diejenige der Vornehmen, welche sich durch ihre

Heirathen möglichst rein zu erhalten suchten, und die der Sclaven, welche immer gewärtig sein mussten, dem Kriegsgotte geopfert oder als Sühne für begangenes Unrecht verkauft zu werden. So war der sociale Zustand der Bewohner der Philippinen, als die Muhamedaner und die Spanier von zwei verschiedenen Seiten her ihre Religion im Land einzuführen versuchten.

V.

Die Muhamedaner und der Anfang der christlichen Periode.

Die malaiische Race hatte sich längst über alle hinterindischen und philippinischen Inseln ausgebreitet, ehe es den handeltreibenden Bekennern des Islam, den Arabern, gelang, ihrem Glauben unter einzelnen Stämmen derselben Eingang zu verschaffen. In dem ungefähr 1252 (von den aus Singapore vertriebenen Malaien) gegründeten heidnischen Staat Malacca bekehrte sich der Sultan Muhammed Shah 1276 zum Islam und erwarb durch die Ausbreitung des neuen Glaubens grossen Ruhm während seiner langjährigen Regierung. Mehr als ein Jahrhundert später, im Jahre 1391, machten ein Fremder, Raja Charmen, und ein Araber, Maulana Ibrahim, einen unglücklichen Versuch die Javanesen zum Islam zu bekehren. Obgleich schon ein ähnliches Unternehmen 1328 erwähnt wird, und die Einwanderung muhamedanischer Kaufleute vom Westen gewiss schon lange vorher begonnen hatte, so scheiterten doch diese ersten Versuche weniger an dem Gegensatz zwischen dem in Java herrschenden buddhistischen Glauben und Mohamed's Religion, als an der Macht der buddhistischen Staaten selbst. Erst als Raden Patah, ein Muhamedaner aus königlichem Geblüt und mit Talent und ehrgeizigem Sinn begabt, seine Glaubensgenossen um sich versammelt und durch Intriguen und den Glanz seines Namens eine mächtige Partei gebildet hatte, gelang es ihm nach der Zerstörung (1478) des bis dahin mächtigsten Reiches von Java, des weitberühmten Majapahit, auch seinen Glauben zu dem herrschenden des Landes zu machen. Früher schon waren Muhamedaner weit nach Osten bis nach Ternate hin vorgedrungen und hatten hier, wie überall neben dem Handel mit Gewürznelken und anderen ähnlichen Produkten des Landes, auch die Bekehrung der Eingebornen betrieben. Auch hier fanden sie einen blühenden Staat vor. Ursprünglich von Gilolo aus (1250) colonisirt, hatte bald

Ternate durch seinen Reichthum an Gewürzen und seine günstige Lage für den Handel in den Molucken eine solche Anziehungskraft gewonnen, dass Einwanderungen von Javanesen, Malaien und Arabern in kurzen Zwischenräumen aufeinander folgten. Solche Zuzüge werden aus den Jahren 1304, 1322, 1347, 1358 erwähnt. Dadurch gewann allmälig dieser kleine Staat eine solche Macht, dass er in der 1322 gebildeten Conföderation der 4 Könige der Molucken schon im Jahre 1377 den bedeutendsten Rang einnahm. Dem König von Ternate waren damals bereits die Xulla-Inseln, sowie auch Gilolo unterthan; am Ende des 15. Jahrhunderts vereinigte Zainalabdin auch noch Boeroe, Ceram und Amboina unter seinem Scepter. Als dann dieser Fürst 1495 zum Islam übertrat, ward es nun den zahlreich eintreffenden muhamedanischen Einwanderern von Java unter Anführung des Javanesen Husen leicht, auch das Volk selbst zu bekehren, so dass auch hier schon bei der Ankunft der Portugiesen die muhamedanische Religion herrschte. So wussten sich überall die Islamiten die Gunst der Landesfürsten zu gewinnen, durch deren Einfluss dann ihre Religion auch beim Volke eingeführt wurde. Weiter nach Norden hin verlieren sich die Spuren des Islam mehr und mehr. Als die Portugiesen 1512 in Celebes ankamen, fanden sie hier nur noch wenige Bekenner dieser Religion vor; erst ein Jahrhundert später zwangen die Macassaren auch die Bewohner der übrigen Staaten dieser Insel, den muhamedanischen Glauben anzunehmen. Ein gewisser Einfluss des Islam zeigt sich auch noch auf den Philippinen, wo es allein den muselmännischen Fürsten gelang, Reiche zu bilden, deren Macht sich weiterhin als auf den Umkreis der nächsten Dörfer erstreckte. Als die Spanier im 16. Jahrhundert die Philippinen eroberten, fanden sie ihren stärksten Widersacher in dem Sultan von Manila, dessen Macht sich ziemlich weit über die Provinzen des Centrum's von Luzon erstreckte; und die Sultane von Buhayen, Mindanao und Joló haben bis auf den heutigen Tag ihre Unabhängigkeit gegen die Eroberungszüge der Spanier zu bewahren gewusst.

Zum Theil lag gewiss die Schnelligkeit, mit welcher sich die Mohamedaner solche Erfolge zu erringen verstanden, in dem richtigen Tact begründet, mit welchem die vereinzelten Missionäre die Vorschriften ihrer Religion den bestehenden socialen Zuständen anzupassen wussten. Die natürliche Grausamkeit und Rachsucht der früheren Heiden wurde in religiösen Fanatismus umgewandelt; die vorgeschriebenen Waschungen fanden leicht Eingang in einem heissen Lande, dessen Bewohner so schon halb im Wasser lebten; und das ursprüngliche unabhängige Clan-Wesen wurde mit grossem Geschick in eine von einer Centralgewalt abhängige Conföderation der einzelnen Fürsten übergeführt. Hören wir, was hierüber der Padre Gainza sagt: "Sie (die Muhamedaner) führten einige religiöse Gebräuche ein, nahmen dafür ihre Sprache und manche ihrer Sitten an, verheiratheten sich mit ihren Weibern, verschafften sich Sclaven, um ihre persönliche Wichtigkeit zu erhöhen, und gelangten endlich dazu, sich mit der vornehmen Classe der "Dato's" zu amalgamiren. Da sie mit grösserem Geschick und grösserer Eintracht als die Eingebornen arbeiteten, erhöhten sie allmälig, wie jene im Besitze zahlreicher Sclaven, mehr und mehr ihre Macht, bildeten unter sich eine Art Bund und errichteten eine Art Monarchie, die sie in einer Familie erblich erklärten. Aus der Zahl der Mitglieder dieser Familie erwählten die Dato's ihren Sultan. Und als sie bald das Missliche eines solchen Systemes erkannten, beschlossen sie noch bei Lebzeiten des Sultan's zwei Nachfolger zu erwählen, deren einer den Titel "Raja-Muda", der andere den des "Guata-Mansa" erhielt. Obgleich nun solcher Bund ihnen grosse Macht gab, so sahen sie sich doch genöthigt, mit den alten Datto's auf Friedensfuss stehen zu bleiben, und den sogenannten "Taos-Marayaos" ihre Freiheit zu lassen, deren Unterstützung sie nicht entbehren konnten. So behielten diese ihre vollständige persönliche Freiheit und die völlig freie Verfügung über ihre Sclaven, die sogenannten "Sacop"....... So entstand endlich eine Conföderation, welche nur schwach mit der höchsten Autorität in Verbindung steht, eine Art aristocratischer Republik, deren Chef unter dem Titel eines Sultan's erwählt wird, und deren Bürger natürlich sehr an ihrer persönlichen Unabhängigkeit hängen und zu Streit und Zank beständig geneigt sind."

Dass in der That der muhamedanisch religiöse Charakter dieser Staaten ursprünglich wenig ausgeprägt war, beweist das Verhältniss, in welchem sie zu den ersten christlichen Eroberern, den Portugiesen sowohl wie den Spaniern, standen. Antonio de Britto wurde in dem muhamedanischen Ternate 1521 auf die freundlichste Weise aufgenommen, und als er und seine Nachfolger durch ihre grausame Behandlung der Bewohner allmälig einen Bund der malaiischen Fürsten hervorgerufen hatten und die Portugiesen sich schon nahe daran sahen, ihre Festung dem andrängenden Feinde übergeben zu müssen, da rettete Antonio Galvan 1636 zuerst seine Landsleute von einer sicheren Niederlage. Im Laufe weniger

Jahre aber wusste dieser Mann nicht bloss den Bund der Fürsten aufzulösen, sondern sich auch unter den Mohamedanern so beliebt zu machen, dass sie ihm die Krone anboten. Durch ihn wurde das Christenthum rasch auf den Molucken und in Celebes eingeführt. Auch die spanischen Geschichtsschreiber[1] bemerken ausdrücklich, dass sie mit den "Moro's" von Manila in freundschaftlichem Handelsverkehr gestanden hätten. Legapsi bediente sich 1565 in seinem Verkehre mit Tupas, dem Fürsten von Cebú, eines Mohamedaner's von Borneo mit Namen "Cid-Hamal". Es sprach sich nirgends ein scharfer religiöser Gegensatz aus; vielmehr bildete sich dieser erst allmälig im Laufe der Zeiten, als die neu angekommenen Eroberer auch die Oberherrschaft über die schon bestehenden mohamedanischen Staaten zu beanspruchen anfingen. Gegenseitig belästigten sie sich nun, so viel sie konnten, mit Raubzügen und Niederbrennen der Ortschaften, und auch die Spanier verfolgten eine Art und Weise der Kriegführung, welche ganz dem dortigen Boden entwachsen zu sein schien. Hier, wie überall, trat das persönliche Interesse oder die Bequemlichkeit hindernd in den Weg. Lassen wir hier den Padre Zuñiga[2] sprechen: "Diejenigen, welche gingen, um sie (die Moro's) zu unterjochen, verfolgten andere Ziele, als die ersten Eroberer. Diese strebten nur nach einer "encomienda", einem Lehen, das ihnen genug zu leben gab. Aber seitdem der Handel von Manila so gewinnbringend geworden, suchte man in kurzer Zeit grossen Reichthum zu häufen, so dass diejenigen, welche solche Expeditionen unternehmen, nur an ihren Erwerb denken und an die Rückkehr nach Manila, um dort möglichst ihren Handel vermehren zu können." Die unterjochten Feinde wurden von beiden Parteien als Sclaven davongeführt, die eingenommenen Dörfer geplündert und nachher verbrannt. Allmälig erst bildete sich auch der religiöse Fanatismus aus. Die unter dem Namen "amok" in allen malaiischen Ländern bekannten Wuthanfälle, nehmen in den Grenzgebieten der Christen und Muhamedaner, in Zamboanga und Basilan immer einen religiösen Charakter an; obgleich ihr Hass gegen die Christen sich meistens nur gegen die Spanier richtet. In Jolo selbst sind die Engländer gern gesehene Gäste, da sie ihnen europäische Waffen und Pulver bringen, die sie sehr im Kampfe gegen die "cachila's"—so heissen die Spanier hier —benöthigen. Dem Reisenden fallen überall, namentlich aber im Süden, die meistens hoch auf Pfählen gebauten, sogenannten "atalaya's" auf, an deren Seite gewöhnlich ein Telegraph steht. Es sind dies Wachtthürme, welche von Dorf zu Dorf die Nachricht weitertragen, wenn sich irgendwo eine Flotille der leichten Fahrzeuge aus Joló, der sogenannten "panco's", gezeigt hat. Selten aber leisten die einzelnen Dörfer sich Hülfe, jedes vertheidigt sich, so gut es kann; die Regierungsböte liegen im sichern Hafen, und erhalten die Nachricht meistens so spät, dass es ihnen selten gelingt, die Moro's noch auf ihrem Zuge zu treffen. Haben diese einige Raubzüge glücklich beendet, so beschliesst die spanische Regierung in Manila einen Zug zur Ausrottung der Piraten. Es wird hier oder dort eine Festung in Joló, Tavi-tavi oder in Mindanao eingenommen und zerstört, dann zieht man froh über den errungenen Sieg heim und im nächsten Jahre beginnen die Moro's abermals ihre Raubzüge. So wird dieser kleine Krieg ferner dauern, wie er bisher schon Jahrhunderte gedauert, wenn nicht die Spanier die von Moro's bewohnten Inseln faktisch in Besitz nehmen oder durch grössere Wachsamkeit, als sie bisher entwickelten, die Piratenzüge derselben nach andern Richtungen ablenken.

Während die m u h a m e d a n i s c h e n Sendlinge zur Ausbreitung ihres Glaubens nur auf sich und die Macht ihres Wortes angewiesen, dies hauptsächlich durch den Einfluss zu erringen suchten, den sie auf die Fürsten und Vornehmen des Landes gewonnen, so zeigt sich bei der Einführung des C h r i s t e n t h u m 's durch die Spanier die auffallende Erscheinung, dass gewisse Einrichtungen in der Organisation ihrer Eroberungszüge die günstigsten Mittel waren, um die erstaunlich raschen Erfolge ihrer Unternehmungen hervorzubringen.

Die berühmte Demarcationslinie den Jahres 1493, welche die Erde in eine spanische und eine portugiesische Hälfte theilen sollte, hatte jeder Nation die Richtung ihrer Entdeckungsreisen vorgezeichnet. Während die Portugiesen, dem Wege Vasco de Gama's folgend, von Westen her in Malacca 1511, auf den Molucken 1512 anlangten, kamen ihnen die Spanier, welche von Magellan's unglücklicher Expedition (1519–1521) übrig geblieben waren, von Osten her entgegen. Auch die zweite Expedition von Loaisa (1525–1526) und die dritte von Saavedra (1528) nahmen ein unglückliches Ende, und immer trafen die Spanier auf den Molucken mit ihren alten Feinden, den Portugiesen zusammen, welchen sie gerne den Besitz dieser kostbaren Inseln streitig gemacht hätten. Sie gründeten ihre Ansprüche an diese Inseln auf die Verlegung des ersten Meridian's von Ferro nach Terceira, wodurch die Portugiesen Brasilien gewannen, und wodurch die Gewürzinseln nach Magellan's

Meinung mit in die spanische Erdhälfte hineingezogen worden waren. Dem kleinen zwischen den spanischen und portugiesischen Abenteurern entbrannten Krieg auf Ternate und den umliegenden Inseln wäre fast ein grösserer Kampf im Mutterlande gefolgt. Als aber Carl V. 1539 einen Tractat mit Portugal schloss, wonach er alle seine Ansprüche auf die Molucken für 350,000 Ducaten an die Krone Portugal verkaufte, war der spanischen Eroberungslust im fernen Osten ein neuer Weg vorgezeichnet. Während die früheren Expeditionen zur Eroberung der M o l u c k e n bestimmt waren, sollte nun Villalobos die P h i l i p p i n e n unter spanische Herrschaft zwingen und durch die ihn begleitenden Augustinermönche den Eingebornen den christlichen Glauben bringen. Aber auch diese Unternehmung verunglückte gänzlich. Glücklicher als Carl war Philipp II., welcher 1564 eine Expedition unter Legaspi auslaufen liess. Diesem schloss sich als Mönch der Augustiner Padre Urdaneta an, ein kühner und gelehrter Seemann, der, unter Loaisa Capitain eines der Schiffe, bereits die Philippinen aus eigner Anschauung kennen gelernt hatte. Noch wichtiger als dieser Priester war dem Befehlshaber sein eigner Neffe, Don Juan Salcedo; denn seiner rastlosen Thätigkeit und grosser Thatkraft allein verdankte diese Expedition ihren glücklichen, überraschend schnellen Erfolg. Am 27. April ankerten die Schiffe in Cebú, bald darauf waren Panay, Leyte, Masbate, Bohol und andere Inseln—die Islas de los Pintados—entdeckt und eingenommen und am 5. Mai 1571 schon wurde Manila zur Hauptstadt der neugewonnenen Inseln erklärt und in Besitz genommen. Die Missionäre breiteten sich[3], durch Soldaten unterstützt, über die Visaya's aus und Juan de Salcedo nahm es auf sich, den Norden Luzon's der Krone Spanien zu unterwerfen. Wenige Tage nach dem plötzlichen Tode Legaspi's am 20. August 1572 kam er in Manila wieder an von einer Reise, die ihn rings um den Norden Luzon's herumgeführt und auf welcher er die Mehrzahl der Bewohner sich unterworfen hatte. Einige Jahre später waren bereits die Augustinermönche über den ganzen Norden verbreitet. So waren in weniger als 10 Jahren die Mehrzahl der philippinischen Inseln der spanischen Krone unterworfen, schon 1570 wurde der erste Tribut[4] von den Einwohnern von Mindanao erhoben und wenn auch seitdem mehrfache Empörungen gegen die neue Ordnung versucht wurden, so brachen doch bald derartige Unternehmungen der Eingebornen unter der Macht der Spanier wieder zusammen. Mit den Augustinern theilten sich die bald nachher ankommenden Jesuiten,

Dominikaner und Franziskaner in die Aufgabe, den zahlreichen neuen Christen die gewünschten Priester zu geben und durch die Missionen den christlichen Glauben auch unter die Stämme des Innern zu tragen.

Der Handel, welcher nach einigen Autoren schon lange vor der christlich-spanischen Zeit zwischen China, Japan, den Philippinen und Borneo getrieben worden war, nahm rasch in bedeutendem Maasse zu. Im Anfang des Jahres 1572 schon kam eine Flotille aus China an, welche den handeltreibenden Soldaten eine reiche Ladung Seidenzeuge, Porzellan und andere Erzeugnisse chinesischer Industrie brachte, und in wenig Jahren war Manila der Mittelpunkt für den Handel Spanien's mit dem Orient geworden.

Es war der Anfang des 17. Jahrhunderts fast die blühendste Zeit des Handels von Acapulco. Dieser Periode verdankt Manila ihren hochtrabenden Namen der "Perle des Orients".

Ein ganz anderes Bild liefert uns die Geschichte der Eroberung der Molucken durch die Portugiesen. Trotzdem sie 1511 unter Antonio de Abreu und Francisco Serrano die freundlichste Aufnahme in Amboina und Celebes finden, und sie aus den zwischen Tidor und Ternate angestifteten Kriegen als Sieger hervorgehen, folgen sich ununterbrochen Empörungen der einheimischen Fürsten und Streitigkeiten dieser oder selbst der Portugiesen untereinander. 1531 sehen sie sich sogar gänzlich auf ihre Festung in Ternate beschränkt, die durch das Heer der verbündeten Könige der Molucken durch Jahre hindurch belagert wird. Antonio Galvan befreit seine Landsleute, schlägt die Fürsten in Tidore, und schliesst mit ihnen Frieden. Ihm gelingt es bald durch freundliche Behandlung der Eingebornen und Schonung der angestammten Fürsten, die er vorher hat seine Macht fühlen lassen, sich eine solche Popularität zu erwerben, dass ihm bald nachher die Krone sämmtlicher Molucken angeboten wird. Nun wird ihm das Gouvernement dieser Inseln genommen, und die nachfolgenden Gouverneure beginnen von Neuem das alte Spiel der Intriguen und kleinen Kriege, bis endlich 1581 Baber, König von Ternate, die portugiesische Festung einnimmt und der Fremdherrschaft ein Ende macht. Dann folgen einige vergebliche Versuche der Spanier, sich die Molucken zu unterwerfen, bis es endlich im Anfang des 17. Jahrhunderts den Holländern gelingt, die mit den einheimischen Fürsten abgeschlossenen Verträge gegen die Spanier siegreich zu vertheidigen und die Portugiesen auf Timor und Solor einzuschränken.

Hier ist die Episode des Antonio Galvan besonders lehrreich. Sie zeigt, dass es bei Verfolgung einer humanen Politik und Schonung der Landessitten den Portugiesen hatte leicht werden müssen, ihrer Herrschaft über die Molucken grössere Sicherheit und längere Dauer zu geben, als es wirklich der Fall war. Den Spaniern trat auf den Philippinen allerdings nie eine so geschlossene Macht gegenüber, wie den Portugiesen auf den Molucken im dortigen Fürstenbund, so dass es ihnen leichter werden musste, die einzelnen gänzlich von einander unabhängigen Clan's von Luzon und den Visaya's sich zu unterwerfen. Aber die Geschichtsbücher des Landes bewahren uns mehrere Fälle von Empörungen auf, welche zeigen, dass durch die allgemeine Sehnsucht nach Befreiung vom spanischen Joche mitunter eine Vereinigung der sonst getrennt lebenden Stämme zu Stande kam, deren Macht allerdings derjenigen der Spanier nie gewachsen war. Gerade die ersten Jahrzehnte der Eroberung sind aber verhältnissmässig frei von solchen Empörungen. So mochte wohl die geringe Macht, welcher sich die Spanier in ihren Zügen bald in diesem, bald in jenem Dorfe gegenübersahen, der Mangel aller gemeinsamen Opposition gegen die Fremden mit eine der Hauptursachen gewesen sein, welche den Spaniern das Spiel erleichterten; aber doch würde wohl kaum der Eroberung so schnell die Ausbreitung des Christenthums und eine vergleichsweise lange ruhige Periode des Handels gefolgt sein, wenn nicht noch andere Momente, ausser der geringen Thatkraft und politischen Zersplitterung der Eingebornen, mit wirksam gewesen wären.

Hierüber gibt uns die Organisation der früheren Expeditionen einigen Aufschluss. Der Befehlshaber der Expedition erhielt mit dem Titel "Adelantado" auch die allerausgedehntesten Vollmachten und die Autorität als General-Gouverneur aller der Länder, welche er im Namen des Königs erobern würde. Es wurde ihm gestattet, Waaren im Werth von 1000 Ducaten einzuschiffen und ebenso wurde ihm ein gewisser Prozentsatz vom Einkommen der Inseln zugesichert. Von ihm hing aber vor Allem die Ernennung der sogenannten "Encomendero's" ab. Unter "encomienda" verstanden die Spanier ein Lehen, welches an Land und Leuten den bei der Eroberung besonders sich auszeichnenden Soldaten gegeben wurde. Der von ihnen erhobene Tribut, von welchem sie einen gewissen Theil an die

Regierung abgeben mussten, sollte zum Unterhalt ihres Lebens dienen. So wurde z. B. dem Juan de Salcedo nach der schon erwähnten Entdeckungsreise zuerst Camarines, nachher aber die Provinz Ylocos als solches Lehen gegeben. Anfänglich herrschten sie hier, im Besitz der Macht, unumschränkt über Land und Leute, die sich leicht dem Eroberer unterwarfen; denn in der That war für sie nur der Name ihres Fürsten, nicht aber ihr Verhältniss zu diesem geändert. Ueberall wo Salcedo zuerst hinkam in Luzon, wie in Panay und Mindoro, musste er erst mit den Einwohnern um die Herrschaft kämpfen; und wenn diese sich durch eine blutige Niederlage von der grösseren Macht der Spanier überzeugt hatten, so unterwarfen sie sich ziemlich willig dem Joche des Lehnsherren, welcher lediglich an die Stelle des früheren einheimischen Fürsten getreten war. Statt der früheren "baganis" oder "Datto's" hatten sie nun spanische Capitaine sowohl als Anführer im Kriege, wie auch als Herren[5], denen sie Gehorsam und Tribut schuldig waren. Sonst aber wurde die sociale Ordnung nicht im Mindesten verändert. Lange Zeit hindurch wurden die im Kriege gemachten Gefangenen auch von diesen christlichen Lehensherren als Sclaven, als "sacopes" behandelt, deren Arbeit und Körper ihnen gänzlich angehörte. Aus dieser Classe der Sclaven bildete sich allmälig die tributzahlende niedrige Bevölkerung aus, während die Classe der Freien als sogenannte "cabeza's de barangay" von jeher gänzlich frei von der Pflicht des Tributzahlens war. Die Dattos aber oder die ursprünglichen Vornehmen erhielten die Ehrenämter des Dorfes, welche wie jene Freien gänzlich von allem Tribute und allen Zwangsarbeiten befreit wurden. Der Lehnsherr hatte die Macht, welche die Eingebornen als erstes Requisit für ihre Datto's verlangten, und die ihm unterworfenen Vornehmen befriedigten leicht ihren Ehrgeiz in der bevorzugten Stellung, welche sie im Dorfe einnahmen, da sie nie gewohnt gewesen waren, über die natürlichen Grenzen desselben hinaus zu greifen. Da die Sclaven oder Tributantes von jeher sich selbst als Eigenthum ihrer Herren zu betrachten pflegten, so liessen sie sich gerne den verhältnissmässig geringen Tribut von etwa 4 fl. jährlich gefallen, den sie in Silber oder in Landesprodukten bezahlen mussten. Manche harte Bedrückung selbst mochte ihnen von Seiten dieser neuen Herren erträglich scheinen. Bald aber gingen die Erpressungen der meisten Lehnsherren so weit, dass sich das Volk gegen sie auflehnte, und zu gleicher Zeit gewannen die zur Ausbreitung der christlichen Religion angekommenen Geistlichen verschiedener Orden einen solchen

Einfluss auf Philipp's Regierung, dass ihnen im Streite gegen jene grosse Prärogativen gegeben wurden. Mit der Vermehrung der Dörfer ging die wiederholte Sendung eifriger Missionaire Hand in Hand, so dass die Oberen der Mönchsorden sich bald im Stande sahen, jedem grösseren Dorf einen eignen Seelenhirten zu geben. Indem diese nun im Streite des Tribut zahlenden Volkes sich immer gegen die Lehnsherrn und die aus diesen hervorgegangenen Gouverneure aussprachen, erlangten sie bald in den einzelnen Dörfern dieselbe Stellung, welche vor ihnen der Lehnsherr, noch früher aber der "Datto" eingenommen hatte. Auch hinter ihnen stand immer die militairische Macht der Regierung, um deren Politik sich der Eingeborne wenig kümmerte, deren Strenge aber manches Dorf kennen lernte, wenn es sich gegen die zu harte Bedrückung von Seiten seiner neuen Herren in Kutte und Talar auflehnte. Auch die altgewohnte rein persönliche Seite des Verkehres zwischen dem Herrn und Diener fehlte nicht. Den Bau eines Conventes oder einer Kirche, oder selbst jede im Dorfe vorgenommene Arbeit sahen die Bewohner wie einen persönlich dem Priester geleisteten Dienst an; und sie arbeiteten willig für ihn, da der Glanz, welcher sich durch die Zahl seiner Diener, die Pracht seiner Wohnung und seiner Messgewänder, den Luxus seiner Gelage über ihr Dorf verbreitete, ihren Ehrgeiz vollständig befriedigte. Nicht selten sind die Fälle, in denen ein Priester seinen "sacopes" im Kampf wirklich voranging. Wie früher den "bagani" im kriegerischen Kleide, so liessen sich nun die Bewohner den "Datto" im farbigen Messgewand gerne gefallen. So wurde, unbewusst oder bewusst, jedenfalls in glücklicher Weise das alte einheimische Clanwesen der Heiden zur Basis der jetzt herrschenden christlichen bürgerlichen Ordnung gemacht.

VI.

Die neueste christliche Zeit.

Es blieb also das einheimische Clanwesen die Grundlage der neuen socialen Ordnung. Durch die Zwischenstufe der europäischen Priesterclasse, die sich rasch über alle Dörfer verbreitete, und deren einzelne Mitglieder an die Stelle der früheren heidnischen Fürsten—der bagani's oder reyezuelo's—getreten waren, wurde das eines gemeinsamen natürlichen Bandes bis dahin entbehrende Leben der Bewohner in sehr künstlicher Weise mit dem fremden Staate verknüpft. Während in dem Verhältniss der unteren, die eigentliche Bevölkerung bildenden Classen zu einander keine oder nur eine sehr unbedeutende Veränderung eintrat, blieb die Beziehung zwischen den Gouverneuren des Landes und ihren Untergebenen eine so lockere, der ganze Schematismus der Verwaltung der Colonie dem einheimischen Verstande so unverständlich und fremd, dass sich dabei kein allgemein verbreiteter würdiger Bürgersinn ausbilden konnte. Es war dies aus verschiedenen Gründen unmöglich. Nach unten hin bekümmerten sich der militairische Gouverneur und der juristische Alcalde gar nicht weiter um das Volk, weil ihnen einestheils die Grenzen ihrer Thätigkeit von Spanien aus zu eng gezogen waren und sie andererseits sich in ihrem Verkehr mit den Bewohnern bis in die neueste Zeit hinein immer der Mönche bedienen mussten. Diese aber suchten gegen die Angriffe von oben her vor Allem ihre Gerechtsame, theils die persönlichen der Priester des Dorfes, theils die des Mönchsordens, dem sie angehörten, zu vertheidigen; während sie gegen ihre Pfarrkinder fast allein die doppelte Pflicht zu haben glaubten, sie in ihren Streitigkeiten mit den weltlichen Behörden so viel als möglich zu schützen und sie ausser in der Doctrin allenfalls noch im Schreiben und im Lesen der von der Kirche gestatteten Bücher zu unterrichten. Auf der anderen Seite wurde es nie einem Eingebornen gestattet, sich über die Classe der niedrigsten Civilbeamten emporzuschwingen. Nur ungerne bedienten sich die Oberen der Mönchsorden der einheimischen Priester, und es gehört zu den seltensten Ausnahmen, wenn sich ein dem Clero secular angehörender E i n g e b o r n e r bedeutenden Einfluss erringen konnte. Alle höheren Beamtenstellen der Militär- wie Civil-Verwaltung wurden von Spanien aus mit Spaniern besetzt. Häufig wurden zu Gouverneuren und den höchsten Beamten der Colonie politisch missliebige Personen genommen, deren sich die Regierung in Madrid zeitweilig entledigen[1] wollte, häufiger noch sah man in den Stellen Sinecuren, welche zur Belohnung treuer Diener geschaffen und vertheilt wurden. Die Habsucht der Beamten förderte man, anstatt sie zu hindern, indem man ihnen früher einen Antheil an dem Monopol des Handels von Acapulco, später in den Provinzen die Erlaubniss gab, auf eigne Rechnung Handel treiben zu dürfen. Diese Erlaubniss war für manche Gouverneure gleichbedeutend mit dem Monopol des Handels in ihrer Provinz. So spiegelt sich denn natürlich in dem Wechsel, welchen die spanische Verwaltung des Landes im Laufe der Zeit erfahren hat, immer nur der Umschwung in der öffentlichen Meinung des Mutterlandes wieder. Die spanischen Revolutionen des neunzehnten Jahrhunderts blieben dagegen gänzlich ohne Einfluss auf die Stimmung der Bewohner der Philippinen; wohl aber zeigt sich überall, wenigstens im materiellen Leben derselben, ein mehr oder weniger direkter Einfluss der Eroberer auf die unterworfenen Stämme. Wir wollen einige der hervorragendsten Aeusserungen dieser Einwirkung hier näher untersuchen.

Im ersten Anfang der Eroberung liess man die 3 Classen der malaiischen Periode ziemlich unverändert bestehen. Doch vertauschte man die Namen, und als man die für jene Gegenden sehr complicirte Zusammensetzung der Localbehörden spanischer Städte einführte, musste nothwendiger Weise auch eine allmälige Verschiebung in der socialen Stellung der Bewohner erfolgen. Die Sclaven wurden nun tributzahlende Bauern, deren Name—sacop— an manchen Orten der Visaya's noch heutigen Tages unter den Christen gebräuchlich ist. Den Freien oder den tao-marayao's gab man gewisse untere Aemter im Dorfe, und zugleich damit die Befreiung vom Tribute und die Vornehmen, die reyezuelo's mit ihren nächsten Verwandten oder die Datto's erhielten die höheren Stellen der localen Verwaltung. Noch heutigen Tages werden die bagani's unter den der Regierung unterworfenen Manobo's von Mindanao ausgezeichnet durch die Verleihung des Stockes, welcher ihre Würde als "gobernadorcillo"—d. i. kleiner Gouverneur— bezeichnet. Ursprünglich mochten wohl alle solche Aemter im

Dorfe—deren specielle Aufzählung hier unnöthig erscheint—ausschliesslich erblich gewesen sein. Als nun hauptsächlich durch die Pfarrer der Dörfer veranlasst, die Bewohner, statt sich von einander zu trennen, wie früher üblich, nun sich immer mehr um ihren geistlichen Anführer drängten, die Kinder der Mitglieder der verschiedenen Classen bei ihren Eltern im Dorf blieben: da konnten nicht mehr jene scharfen Grenzen eingehalten werden, welche anfänglich die Kasten von einander trennten. Die Zahl der unter einem sogenannten "cabeza de barangay"[2]—Haupt eines barangay—vereinigten tributpflichtigen Bewohner nahm rasch zu, so dass bald diese aus der Classe der Freien hervorgegangenen Beamten 45–50 Familien unter ihre Aufsicht bekamen, mehr als vorher der bagani desselben Dorfes Unterthanen je gehabt hatte. Es waren diese cabeza's de barangay die früher erwähnten "taos-marayaos". Ihre Frauen und Erstgebornen waren vom Tribute befreit. Aber ihre übrigen Kinder zahlten Tribut, und es traten diese dadurch unwillkührlich in eine tiefere Classe, die der "Tributantes" zurück, welche ja aus derjenigen der "sacopes" hervorgegangen war. So wurde die letztere Classe durch die innige Verschmelzung mit den Söhnen der Freigelassenen etwas in ihrer socialen Stellung gehoben, während diese von ihren früheren Vorrechten einbüssten. Zugleich aber wurde das Amt, einem "barangay" vorzustehen—ihr hauptsächlichstes Geschäft besteht in dem Eintreiben der Tribute, für welche sie persönlich verantwortlich sind—wenigstens in manchen Provinzen ein Wahlamt; so dass noch heutigen Tages durch Erbschaftsrecht und durch Wahl ernannte cabezas de barangay nebeneinander existiren. Und ebenso wurden die "gobernadorcillos", ursprünglich gewiss erbliche Aemter, nun mit den übrigen, die sogenannte "principalia"—d. h. Aristokratie—des Dorfes bildenden Beamten, den Tenientes, alguaziles, jueces etc., Ehrenämter, zu deren Besetzung alljährlich eine Wahl vorgenommen wird. Der hierbei beobachtete Wahlmodus ist kurz folgender. Der abtretende Gobernadorcillo und 12 durch das Loos bestimmte Einwohner, welche zur Hälfte der Zahl der abgetretenen "gobernadorcillos" und "cabezas", zur Hälfte derjenigen der activen "cabezas" entnommen werden, sind die Wähler, welche nun aus ihrer Mitte nach absoluter Majorität den neuen Beamten zu wählen haben. Obgleich von den Priestern ein directer Einfluss bei diesen Wahlen ebensowenig, wie den Gouverneuren der Provinzen gestattet war, so musste es doch dem im Dorfe selbst lebenden und mit allen Heimlichkeiten des Familienlebens seiner Pfarrkinder wohl vertrauten Pfarrer ein Leichtes werden, auch bei diesen Wahlen einen weitgehenden Einfluss zu erringen; während der militairische Gouverneur oder der Alcalde selten nur in persönliche Beziehungen zu ihren Untergebenen treten und auf sie einwirken konnten. So musste natürlich der locale Einfluss der Priester ein sehr viel grösserer sein, und dies um so mehr, als sie fast ausschliesslich im Besitze des Dialectes der Provinz waren, die Gouverneure dagegen sich der Dollmetscher bedienen mussten, selbst im Verkehre mit den Gobernadorcillos, welche trotz der Einführung der spanischen Sprache als Amtssprache doch nur selten des Spanischen mächtig waren. Vielleicht mögen sogar die Priester, in richtiger Erkenntniss ihrer Stellung, die Ausbreitung ihrer Muttersprache absichtlich so viel als möglich verhindert haben.

Wenngleich nun auf diese Weise, und dann vor Allem durch die noch näher zu besprechende Mischlingsrace der Mestizen, eine nicht unbedeutende Veränderung in der socialen Ordnung der Bewohner einzelner Dörfer hervorgebracht wurde, so blieb doch das einheimische Clanwesen im Wesentlichen unverändert. Noch heutigen Tages gelten im Verkehr der Bewohner untereinander eine Menge alter aus der heidnischen Epoche überkommener Gebräuche —unter denen wir hier nur die Sitte hervorheben wollen, dass der Mann, um sich seine Frau zu erwerben, eine Zeitlang der Familie seiner Geliebten Dienste thun muss. Vor Allem aber blieb das Verhältniss der einzelnen Ortschaften zu einander gänzlich unverändert. Kein gemeinsames Band der Selbstverwaltung oder gleichartiger politischer Interessen vereinigte sie untereinander und wenn sie dem überkommenen Hass gegeneinander nicht mehr, wie früher unter der Herrschaft der baganis, durch Kriege Ausdruck zu geben versuchten, so hielt sie davon gewiss nicht Friedensliebe oder das Gefühl der Stammesverwandtschaft zurück, sondern nur ihre Feigheit und die Ueberzeugung, dass hinter den zum Frieden ermahnenden Pfarrern schliesslich doch die gefürchtete Macht der spanischen Waffen stand. Wo die Dörfer sich dem Arme der höchsten Autorität entrückt wähnten, wurde das alte Spiel des kleinen Krieges fortgeführt. So haben die Bewohner der beiden auf der Insel Siargao bei Surigao liegenden Dörfer Dapa und Cabuntug noch in der Mitte dieses Jahrhunderts offene Fehde miteinander geführt und noch heutigen Tages besuchen sie sich gegenseitig nur ungerne, weil sie Vergiftung durch ihre alten Feinde fürchten. Nur im Norden Luzon's und auf den Visaya's etwa in jenen Provinzen, in denen eine starke Mestizenbevölkerung gefunden wird, wie in

Iloilo, hat sich ein gewisser Provinz-Patriotismus ausgebildet, der in den früher nicht seltenen Reibereien zwischen den aus verschiedenen Provinzen genommenen Soldaten eines Regimentes seinen Ausdruck fand. Keine gemeinsamen politischen Volksinteressen verbinden die Colonie mit dem, nur uneigentlich sogenannten Mutterlande.

Ebensowenig wie in der politischen Sphäre hat der christliche Spanier sonst in geistiger Beziehung grossen Einfluss auf den Charakter der Bewohner zu gewinnen gewusst. Der Volksunterricht lag von jeher und liegt auch jetzt noch, in den Provinzen sowohl wie in der Metropole, gänzlich in den Händen der Priester. Mit Ausnahme der Professoren für Völkerrecht und römisches Recht sind alle Lehrstühle der Universität von Santo Tomas in Manila in Händen der Priester, welche natürlich nicht blos die theologischen Vorträge, sondern auch die über Metaphysik, Physik und Logik nach den Grundsätzen der katholischen Kirche einrichten müssen. In den Provinzen hat jedes Dorf allerdings seine öffentliche Schule, in welcher der Unterricht obligatorisch ist; aber ausser Lesen und Schreiben wird hier nur noch geistlicher Gesang und die christliche Doctrin gelehrt. Dieser Unterricht aber geschieht noch lange nicht überall in spanischer Sprache; wenigstens ist die allgemeine Einführung derselben als Schulsprache noch so neuen Datum's, dass es noch lange dauern mag, bis sich überall der spanische Beamte selbst mit seinen nächsten Untergebenen wird in Spanisch unterhalten können. An der Ostküste Mindanao's, einer der ältesten und ergebensten Provinzen, wurde noch vor 40–50 Jahren nur der einheimische Dialect gesprochen, und die Priester bedienten sich hier sogar, wie man sagt, in ihrem officiellen Verkehr bis in den Anfang des 19. Jahrhunderts hinein der alten malaiischen Buchstaben. Die Zahl derjenigen Eingebornen—die Spanier nennen sie immer Indier—welche lesen und schreiben können, soll ziemlich gross sein; aber bei der vollständigen Unzuverlässigkeit aller statistischen Angaben lässt sich hierüber nichts Sicheres behaupten. Im Jahre 1863 versuchte die spanische Regierung eine allgemeine Zählung der Kopfzahl mit Umgehung des bisher üblichen Systems der Tributzählung vorzunehmen, wobei auch angegeben werden sollte, wie viele des Lesens und Schreibens kundig wären. Das Factum, dass die Regierung niemals die Resultate dieser Zählung veröffentlichte, scheint für die damals oft gehörte Meinung zu sprechen, dass die ungeheuerlichsten Resultate herauskommen würden. Die überraschende Leichtigkeit endlich, mit welcher sich das Christenthum gleich im Anfang der Eroberung über die Inseln ausbreitete, lässt erwarten, dass es nur wie ein passendes Gewand die alten religiösen Gebräuche[3] deckte, und sich theilweise wohl gar mit ihnen amalgamirte. Ehrliche Mönche hört man noch jetzt darüber klagen, dass dieselben Menschen heute in die Kirche gehen, um zu ihrem christlichen Gotte zu beten und morgen ihrem heidnischen Götzen, dem Diuata oder dem Anito bei der Aussaat oder der Erndte ihre Opfer bringen. An einzelnen Orten scheint sogar ein Rückfall in die alten heidnischen Zeiten stattgefunden zu haben. Es existirt in dem Archiv des Gouvernements von Cayan, Provinz Lepanto, im Nordwesten von Luzon, ein Document, aus welchem, wenn es überhaupt echt ist, hervorgeht, dass die Bewohner des Districts vor dem Jahre 1700 bereits zum grössten Theil Christen gewesen sind. Jetzt sind sie alle wieder Heiden. In der reichen Familie des Ygorroten Lacampa wird der Titel "Maestre de Campo" geführt, welcher einem ihrer christlichen Vorfahren im Anfang des 18. Jahrhunderts gegeben wurde; jetzt ist die ganze Familie heidnisch.

So scheint weder in politischer noch religiöser Beziehung ein tiefer geistiger Zusammenhang zwischen den Eingebornen und ihren Herren aus Spanien hergestellt zu sein. Sie beugten sich willig vor der fremden starken Macht, deren staatliche Organisation ihnen aufgedrungen wurde; und die dennoch vorhandene grosse Sympathie zwischen den Eroberern und den Unterjochten beruht auf der absichtlich oder unabsichtlich geübten Schonung der lokalen Eigenthümlichkeiten, der Leichtigkeit, mit welcher sich der katholische Cultus dem bestehenden Glauben anpassen liess, dem regen persönlichen Verkehr zwischen ihnen und wohl vor Allem auf der allmäligen Entwickelung eines sicheren und jedem Einzelnen greifbare Vortheile gewährenden Handels.

Die Entwickelungsgeschichte des philippinischen commerciellen Verkehr's ist in mehr als einer Beziehung interessant und lehrreich.

Schon bei der Ankunft der Spanier im 16. Jahrhundert scheinen die Bewohner der Inseln einen ziemlich lebhaften Handel[4], namentlich mit China, getrieben zu haben. Ausser den gewöhnlichsten Producten chinesischer Industrie waren es besonders Seide und die noch heutigen Tages in Borneo so beliebten grossen irdenen Gefässe, welche sie im Tausch gegen Reis, Gold und Trepang erhielten. Leider fehlen alle bestimmteren Angaben über diesen

Verkehr, so dass nicht zu sagen ist, wie weit sich derselbe erstreckt haben mag; doch lässt sich aus der ungemein raschen Entwickelung des Verkehrs und Handels in Manila in den ersten 10 Jahren von Legaspi's Ankunft an wohl schliessen, dass auch schon früher wenigstens nach China und Japan hin ein bedeutender Handel stattgefunden haben muss. Einer der ältesten philippinischen Historiographen, der P. Chirino, welcher seine Geschichte der philippinischen Inseln 1604 in Rom herausgab, war voll der Bewunderung über die von allen Seiten nach Manila herbeiströmenden Nationen des Ostens. Die Chinesen brachten nun, um das Silber der Spanier, die "Reales de à quatro, i de a ocho" zu erhalten, ihre Seidenzeuge und Gefässe; zahlreiche gewerbtreibende Männer kamen hinüber und arbeiteten für so geringen Lohn, dass damals z. B. die von chinesischen Schustern gemachten Stiefel nur 2 Realen = 1 Gulden kosteten und ihrer Billigkeit wegen als Handelsartikel nach Mexiko geführt wurden. Von Indien, Malacca, den Molucken erhielten die Manilesen männliche und weibliche Sclaven, die sich trefflich zu allen häuslichen Geschäften brauchen liessen, ferner die Gewürze, kostbare Steine, Elfenbein, Teppiche und Perlen. Japan endlich sandte Mehl, Weizen, Silber, Metalle, Salpeter und Waffen "und viele andere Merkwürdigkeiten: was Alles den Menschen das Bewohnen dieses Landes bequem und begehrenswerth gemacht hat und noch macht: und in der That ist es ein anderes Tirus gleich dem von Ezechiel so gepriesenen."

Dieser Ausspruch des glaubwürdigen Jesuiten zeigt wohl besser als eine lange Aufzählung die Bedeutung, welche schon im Jahre 1604, also nur 33 Jahre nach der Landung Legaspi's in Cebú, der Handel von Manila für den Gesammtverkehr der Nationen gewonnen hatte. Noch waren China so wenig wie Japan mit den Völkern des Westens in direkte Verbindung getreten. Der portugiesischen Eroberung von Malacca und den Molucken waren beständige Unruhen und Kriege, keine den Handel ermunternde Periode der Ruhe gefolgt. Im Jahre 1611 erst langte der erste holländische Gouverneur in Bantam an, von wo aus seit 1602 ein ziemlich lebhafter Handel mit den Engländern in Achin eröffnet worden war. Dagegen hatte Manila schon seit 1512 fast völliger Ruhe genossen —mit einziger Ausnahme des Ueberfalls durch den chinesischen Piraten Limahon. Der schöne, gegen den Nord-Ost-Monsun vollständig geschützte Hafen, die günstige Lage gegenüber China, Japan und den hinterindischen Inseln und vor Allem die direkten, durch die sogenannte Nao oder die Silberflotte vermittelten

Beziehungen zu Neu-Spanien machten die Hauptstadt der Philippinen rasch zu dem Ausfuhrhafen jener östlichen Länder. Nur äusserst gering war der ursprüngliche Antheil, welchen die Provinzen von Luzon oder der Visaya's an jenem Handel nahmen. So war Manila fast bis in den Anfang unseres Jahrhunderts hinein ein Stapelplatz für die östlichen Producte, welche hier gegen das von Mexiko eingeführte Silber eingetauscht wurden.

Schon die ersten Expeditionen, welche Carl V. ausgesendet hatte, fassten auch den Handel mit den neu zu entdeckenden Ländern in's Auge; wie sie selbst ja ursprünglich aus dem Wunsche entsprungen waren, die kostbaren Producte der Gewürzinseln, welche bis dahin nur auf dem Wege über Indien und Arabien ihren Weg nach Europa gefunden hatten, auf direktem Weg nach Spanien zu bringen und dadurch den Handel mit diesen zu monopolisiren. Alle höheren Officiere dieser Expeditionen hatten einen gewissen Antheil an der Befrachtung des Schiffes, und ebenso wurde ihnen eine bestimmte Tantième von dem Gewinn des Handels zugesichert, zu welchem die Regierung das ausschliessliche Recht zu haben glaubte. Was vielleicht ursprünglich nur eine vom Könige ergebenen Dienern geschenkte Gunst war, wurde nun bald ein Recht der Einzelnen, und so entstand allmälig die Form des Handelsverkehrs, wie er bis zum Jahre 1733 durch die Nao von Acapulco vermittelt wurde. Aller socialer Verkehr zwischen den Philippinen und Spanien fand, der durch die Demarcations-Linie gezogenen Richtung folgend, bis dahin über Acapulco statt, und alle Civilbeamten wie Soldaten und Priester, welche von hier aus mit der Nao alljährlich im Januar sich nach Manila hin einschifften, hatten ihren durch besondere Gesetze bestimmten Antheil an der Befrachtung des Schiffes, welches gewöhnlich im Juli Manila verliess. Der Gehalt dieser Schiffe war durchschnittlich 1200–1500 Tonnen. Die Regierung befrachtete wohl immer den grössten Theil des Schiffes; was sie übrig liess, wurde in Theile getheilt, welche den Beamten, den in Manila ansässigen Wittwen derselben und den Clerigo's, d. h. den Weltgeistlichen gegeben wurden mit dem Rechte, ihren Theil frei von Kosten zu laden. Da aber diese Leute selten nur im Besitze hinreichender Capitalien waren, um auf eigene Rechnung Handel treiben zu können, so verkauften sie die Scheine, die sogenannten "boleta's", an die eigentlichen in Manila ansässigen Kaufleute oder Gesellschaften um einen mitunter recht hohen Preis. Die von Acapulco zurückkehrende Nao brachte dann ausser dem durchschnittlich etwa 2 Millionen Dollars betragenden Baarvorrath den Soldaten und Priestern noch Cochenille, Weine und Süssigkeiten aus Spanien. Fast das ganze 17. Jahrhundert hindurch scheint der Handel in dieser Weise geführt worden zu sein. Zu den natürlichen Schwierigkeiten eines solchen Systemes kam nun bald auch die Rivalität von Cadix und Sevilla, deren Ausfuhr europäischer Industrieproducte nach America hin sehr durch die Concurrenz mit den chinesischen Seidenzeugen und Baumwollenwaaren vermindert worden war. Drückende Bestimmungen hinderten noch mehr die Entwickelung des Handels von Manila, als es so schon der Zwang that, alle Speculationen auf eine Karte, die glückliche Fahrt der Nao von Acapulco zu setzen. Bald auch drängte die zunehmende Wichtigkeit des holländischen und englischen Handels zum Aufsuchen eines direkteren Weges, besonders, weil allmälig auch die Landesproducte namentlich Zucker, Indigo und Baumwolle zu Ausfuhrartikeln wurden: und so entstand im Jahre 1733[5] die Real Compañia de Filipinas, welche das Privilegium des Handels zwischen Spanien, den östlich vom Cap der guten Hoffnung liegenden Ländern und Manila auf 25 Jahre erhielt. Das Capital dieser Gesellschaft, welcher der Handel mit Amerika untersagt war, betrug 4 Millionen Dollars. Als dann 1785 die Gesellschaft von Caracas ihr Ende erreichte durch Erlöschen ihres Monopoles wurden diese und die philippinische Gesellschaft unter dem alten Namen "Real Compañia de Filipinas" vereinigt, welche nun einen mehr und mehr zunehmenden direkten Handel nach Spanien mit einem Capital von 8 Millionen Dollars trieb. Auch ihr blieb der Handel nach Acapulco untersagt. Das 1788 von Manila auslaufende Schiff "La Concepcion" hatte ausser chinesischen Stoffen Indigo, Baumwolle und Sibucao an Bord, 1789 wurden in drei Schiffen von Landesproducten ausgeführt: Indigo 45,825 lbs., Sibucao 3550 lbs., Baumwolle 29 Ballen, Zucker 1200 lbs., Perlmutterschalen 12,740 lbs., Wachs 1000 lbs. und einige andere Sachen mehr. Mehr und mehr gerieth nun der Handel von Acapulco in Verfall. Ohne ganz mit den alten Traditionen der monopolisirenden Schutzzollpolitik zu brechen, sah sich doch im Anfang dieses Jahrhunderts die spanische Regierung genöthigt, sowohl den Fremden Theilnahme am Handel der Compania de Filipinas zu gestatten, als den Hafen von Manila den fremden Schiffen zu öffnen. Schon 1789 war nichtspanischen Schiffen der Import europäischer Waaren für einen Zeitraum von 3 Jahren gestattet worden. 1809 wurde das erste englische Haus in Manila etablirt, 1814 das Niederlassungsrecht allen Fremden gegeben. Und als nun endlich durch die Abtrennung der amerikanischen Besitzungen vom Mutterlande der Handel von Acapulco seinen Todesstoss erhielt, zugleich aber auch die Menge der neuen englischen Häfen an der östlich-asiatischen Küste von Singapore nach Shanghai hinauf geöffnet wurden, welche den Verkehr zwischen den zwei grössten handeltreibenden Nationen der Erde direkt vermittelten; da verlor Manila seine Anziehungskraft als Stapelplatz für die asiatischen Waaren gänzlich. Was in früheren Zeiten vielleicht für die ganze Colonie ein grosses Unglück gewesen wäre, konnte jetzt nur segensreiche Erfolge haben; denn nun wurde die hauptsächlich von den Fremden entwickelte Energie im Handel der nächste Anlass zur raschen Ausbildung der natürlichen in dem überreichen Boden dieser Inseln liegenden Hülfsquellen des Landes selbst. Auch fanden sich die Bewohner der Provinzen zur Steigerung ihrer Thätigkeit hinreichend vorbereitet. Langes Zusammenleben mit den Europäern, mit denen sie sich theilweise zu Mischlingsracen verbunden hatten, und der allerdings oft unterbrochene Verkehr mit den Chinesen, diesen Engländern des Ostens, hatte den Eingebornen allmälig grössere Bedürfnisse eingeimpft, als sie im Anfang gehabt hatten. Der grosse Luxus im Bau der europäischen Häuser, die Pracht, welche die einzelnen Dorfschaften bei ihren festlichen Aufzügen und in der Kirche zu entfalten suchten, die immer mehr zunehmende Neigung zu prächtigen Gewändern und glänzendem Schmuck—alle diese und noch manche andere Ursachen steigerten die Bedürfnisse der Bewohner und erhöhten allmälig auch wohl ihre Arbeitskraft. Auf der andern Seite hatten von jeher die Regierung oder vielmehr die einzelnen Beamten des Landes die Thätigkeit ihrer Untergebenen künstlich zu erhöhen versucht. Ein jeder tributpflichtige männliche Bewohner wurde gezwungen, alljährlich 40 Tage im Dienste der Regierung zu opfern; es wurden diese sogenannten "polistas" zum Bau der öffentlichen Strassen und Brücken, der Tribunale und andern Regierungsgebäude verwendet. Der Bau des Tabacks und Handel mit demselben, ursprünglich gänzlich frei, wurde 1782 Monopol der Regierung, die die Anpflanzung desselben in einigen Provinzen untersagte, in anderen dagegen mit solchem Eifer betrieb, dass den Bewohnern dieser Provinzen fast zu gar keiner anderen Beschäftigung mehr Zeit blieb. Trotz des scheinbar Gehässigen solcher Zwangsmassregeln haben doch diese Tabacksprovinzen sich zu grossem Reichthum emporgeschwungen, der sich namentlich in ihren oft mit europäischem Luxus ausgestatteten

Tribunalen[6] zu erkennen gibt. Bis vor nicht gar langer Zeit war es noch den Gouverneuren und den Alcalden der Provinzen gestattet, Handel zu treiben. Wenn auch diese Erlaubniss, verbunden mit der politischen Macht, welche in ihre Hände gelegt war, sie häufig zu weitgetriebenem Missbrauch der Arbeit der Eingebornen verleitet haben mag; so kann doch wohl kaum der Nachtheil den nothwendig damit verbundenen Vortheil überwogen haben. Gegen allzu starke und allzu lang fortgesetzte Bedrückung standen den Eingebornen immer die Priester als Widersacher jener Beamten zur Seite. Ohne das persönliche Interesse aber, welches den Gouverneuren durch den zu erwartenden Profit an der Entwickelung des Ackerbaues und des Handels gegeben war, würden sie sich schwerlich viel um die private Thätigkeit der Einwohner gekümmert haben; ja es ist anzunehmen, dass sie Alles gethan haben würden, um die Priester in ihren commerciellen Unternehmungen zu hindern, wodurch sie dann indirekt auch wieder die mit den Mönchen in Verbindung stehenden Bewohner mehr oder minder geschädigt hätten. Die durch die politische Stellung der Mönche und der Beamten leicht erzeugte Uneinigkeit endigte nun auf dem commerciellen Gebiete häufig in einem Compromiss, aus welchem beiden Theilen ein sicherer Verdienst erwuchs, während andererseits die Bewohner von der geistlichen wie weltlichen Localbehörde zu immer grösserer Thätigkeit angespornt wurden. Es war also wenigstens im Anfang der Occupation diese den Lehnsherren zuerst und nachher den Gouverneuren gegebene Erlaubniss sicherlich ein wichtiges Mittel zur Vermehrung des nationalen Reichthums. Als nun endlich bei mehr und mehr zunehmender christlicher Bevölkerung das freie und zum Ackerbau vorwiegend günstige Land der Ebenen und Thäler immer seltener wurde und zugleich der Werth des schon in Besitz genommenen Landes immer höher stieg, konnten nun die Eingebornen nicht mehr das frühere, wie es scheint, allgemein übliche System der "cainines" anwenden; vielmehr mussten sie nun das alljährlich mit Reis bepflanzte Feld besser bearbeiten, als es bei jenem System nöthig gewesen war, oder bei der Ausnutzung ihrer Zuckerplantagen europäische Maschinen einführen, um durch gesteigerten Verdienst den wachsenden Lebensbedürfnissen genügen zu können. Nun kam die mächtige Anregung, welche durch die Einwanderung nichtspanischer Europäer gegeben wurde, nicht mehr unzeitgemäss. Dass es in der That wohl zum grössten Theil der Einfluss der Kaufleute angelsächsischer Race war, .

welchem das rasche Wachsen der Ausfuhr einheimischer Producte zu verdanken ist, geht unwiderleglich aus folgenden Zahlen hervor. Im Jahre 1810, also ein Jahr nach Etablirung des ersten englischen Hauses, betrug die Ausfuhr nur 500,000 Dollars, die Einfuhr dagegen 900,000 Dollars. Im Jahre 1841 betrug der Gesammtumsatz über 5½ Millionen Dollars und in demselben Jahre schon hatten englische und amerikanische Häuser mehr als 55 Prozent des Handels in Händen. In diesem Jahr überstieg die Ausfuhr die Einfuhr schon um nahe 1½ Millionen Dollars. 1863 betrug der Gesammthandel schon mehr als 16 Millionen Dollars, der Export fast 9 Millionen. Jetzt ist die Zeit eines gesunden Handels gekommen. Zwar mögen immer noch monopolistische Neigungen oder schutzzöllnerische Vorurtheile der Spanier dem fremden d. h. nicht spanischen Handel allerlei Hindernisse in den Weg zu legen versuchen, und so den Verkehr auf einer niedrigeren Stufe erhalten, als vielleicht nach den im Boden vergrabenen Reichthümern des Landes zu erwarten wäre. Aber es sind doch endlich die Philippinen ganz und voll in die Reihe der producirenden und damit auch consumirenden Länder getreten. Nun erscheinen Manila—und mit ihr die anderen seit einigen Jahren geöffneten Häfen—nicht mehr als Entrepotplätze für einen nur durch zufällige Umstände oder künstlich dem Handel aufgedrängte Richtungen hervorgerufenen Austausch der Waaren fremder Nationen; sondern als die natürlichen Ausfuhrhäfen eines von der Natur auf's Reichste ausgestatteten Landes.

Aber es würde das Bild, welches wir so von dem Einfluss der Spanier und der modernen Zeit zu entwerfen gesucht haben, wesentlich unvollständig bleiben, ja vielleicht sogar seines auffallendsten Lichtes—oder Schattens?—entbehren, wollten wir hier nicht auch noch einer Einwirkung gedenken, bei welcher sich geistige wie materielle Momente vereinigten, um ein gemeinsames Resultat zu erzielen. Wir meinen die theils durch die Spanier, theils durch die Chinesen hervorgebrachten Mischlingsracen. Schon in den ersten Jahren der Occupation fanden Heirathen zwischen Spaniern und Frauen von Cebú und Manila statt. Zahlreiche Beamte —Soldaten wie Civilbeamte—liessen sich im Laufe der Jahre hauptsächlich in Manila nieder. Durch ihre Heirathen untereinander und mit den Eingebornen entstand theils die Classe der sogenannten Hijo's del Pais, den von 2 ganz spanischen Eltern stammenden Kindern ungemischten Blutes, und die eigentlichen Mestizen, in deren Gesichtszügen die meist tagalische Mutter immer einige

Spuren ihrer Race zurückliess. Zahlreicher aber und an manchen Orten auch durch ihre grosse Strebsamkeit wichtiger sind die aus der Vermischung der Malaien und Chinesen hervorgegangenen Mischlinge, die sogenannten Mestizos de Sangley, welche unter dem Einflusse der aus Europa eingeführten Cultur und angetrieben durch die ihnen von väterlicher Seite her mitgegebene Rührigkeit bald einen Einfluss im commerciellen Verkehr des Landes erlangten, der dem der spanischen Mestizen gewiss völlig gleichsteht. Leider ist aus den alljährlich in Manila publicirten Zählungen nicht zu sehen, wie viele spanische Mestizen dort leben, und ebenso leidet gewiss auch jede Angabe über die Menge der chinesischen Mestizen an demselben Mangel, wie er überhaupt dem dort geübten System der Zählung nach Tributos anklebt. Nach dem in der "Guia de forasteros" für 1864 publicirten Census würden sich in den 3 Provinzen Manila, Cavite und Pampanga fast 45,000 chinesische Mestizen befinden, gegen eine einheimische Bevölkerung von etwa 226,000 tributpflichtigen Individuen. Es lässt sich hieraus schon der grosse Einfluss entnehmen, den jene thätige und intelligente Race auf den Verkehr sowohl wie auf den Geist des Volkes üben muss; noch bezeichnender aber ist in der ersten Richtung wohl das Factum, dass das grösste Bankgeschäft in Manila, das Haus Tuason, einen Chinesen zum Begründer hatte und auch bis jetzt immer in den Händen seiner Kinder und Kindeskinder geblieben ist, die er mit einer Tagalin oder Mestizin erzeugt hatte. Alle diese Mischlinge zeichnet aber nicht blos die grössere körperliche Rührigkeit, das Bedürfniss nach Ansammlung von Reichthum, grössere und edlere Genussfähigkeit aus, als sie den rein malaiischen indolenten Eingebornen eigen zu sein pflegen; sondern auch in intellectueller Beziehung stehen sie weit über ihnen. Es dürfte schwer sein, in dieser Classe Individuen zu finden, welche nicht des Lesens und Schreibens kundig wären. Das ihnen innewohnende Bedürfniss nach höherer geistiger Ausbildung spricht sich in den von Tag zu Tag sich mehrenden Reisen nach Europa aus, wohin selbst häufig schon die Kinder in zartem Alter geschickt werden, um sich so viel als möglich europäische Sprachen und Bildung anzueignen. Neben dem, für den Reisenden wohlthuenden Gefühl höherer Selbstachtung, als sie die Tagalen oder Visaya's zur Schau tragen, hat sich endlich auch bei ihnen das Bewusstsein, einem Stamme anzugehören, entwickelt, so dass eine schwache Spur politischen Lebens—soweit solches überhaupt in dieser ganz von Spanien aus regierten Colonie möglich ist—sich wenigstens in dem Interesse ausspricht, mit welchem die intelligenteren Mestizen des Landes an der Ausbildung mancher gemeinnütziger Institutionen des Landes und ganz besonders der Hauptstadt theilnehmen. Ja, es scheint, als ob das Bedürfniss nach grösserer politischer Selbständigkeit und nach Selbstregierung, das offenbar in der Classe der Mestizen stark verbreitet ist, vielleicht mit der Empörung des Militairs im Jahre 1823 zusammenhing. Die militärischen Leiter der Erhebung des 2. Juni waren 2 in Manila geborne Offiziere niedrigen Grades. 4 Monate früher schon hatte die Regierung Nachricht erhalten von einer Verschwörung und in Folge der Untersuchung eine Anzahl in Manila geborener Spanier sowie einige hervorragende Mestizen als Gefangene nach Spanien geschickt. Unter letzteren befand sich D. Domingo Rojas, ein Mann, dessen Familie noch heute in Manila und in den tagalischen Provinzen durch Talente und grosse Reichthümer ausgezeichnet dasteht und grossen Einfluss besitzt. Bei dem in Spanien sowohl von der Regierung wie von den einzelnen Männern seit jeher geübten System der Verheimlichung und Verschönerung darf es nicht Wunder nehmen, wenn in den Erzählungen über diese und ähnliche Vorfälle, wie sie spanische Autoren enthalten, Alles verschwiegen wird, was der Regierung oder der spanischen Nation etwa zum Nachtheil ausgelegt werden könnte. Es geht denn auch in Manila selbst nur ein dumpfes Gerücht von der Betheiligung der Mestizen an jener Revolution; und nur selten deuten unbedachte Aeusserungen eines mit den dortigen Verhältnissen vertrauten Mannes an, dass die stärksten Widersacher des spanischen Regiments die Mestizen sind und die "Hijos del pais".

Für einen Spanier, dessen Wunsch vor Allem ist, die Colonie dem Mutterlande wie eine zu melkende Kuh zu bewahren, mögen wohl die Mestizen als gefährliche, oder wenigstens nicht zu missachtende Gegner erscheinen. Dennoch ruht auf ihnen die Hoffnung des Landes. Eine Einwanderung zahlreicher Europäer, die das Land— wie es die Engländer in Neu-Seeland und Australien gethan haben— in ein europäisches verwandeln würde, ist vorläufig wenigstens undenkbar. Der europäische Ackerbauer würde hier den Kampf um's Dasein nicht durchfechten können. Der reine Malaie lebt aber heute noch fast ebenso, wie früher, ohne Bewusstsein erhöhter persönlicher Würde, ohne Interesse an dem gemeinsamen Geschicke des Landes. Sollte ein unglücklicher Umstand dem Lande die politische Freiheit geben und die Macht zerstören, welche allein durch Jahrhunderte hindurch im Stand war, die Bewohner zur Annahme höherer Cultur zu zwingen, so würde trotz des

Christenthums und der Pfaffen und trotz der Sympathie zwischen Spaniern und Malaien augenblicklich ein Zerfall in das alte Clan-Wesen eintreten, das ja noch bis auf den heutigen Tag in der bürgerlichen Ordnung fortlebt. Dies könnte nur die kräftige Hand eines neuen Besitzers und Herrschers verhüten. Und es liegt in der Natur des Entwickelungsganges unserer Zeit begründet, dass dann an jene Mestizenrace die Aufgabe heranträte, dem Untergang des blühenden und zu noch grösserer Blüthe berufenen Gemeinwesens mit kräftiger Hand zu steuern. Hoffen wir, dass ein solches Experiment dem Lande nicht bevorstehen möge in Folge des Kampfes, der sich jetzt abermals zwischen den Parteien Spanien's erhoben hat.

Anmerkungen.

I. Skizze.—Vulcane.

A n m e r k u n g 1. In Bezug auf diesen, sowie die philippinischen Vulcane überhaupt herrscht in den Handbüchern und Atlanten noch bedeutende Unsicherheit. Ich will versuchen, diese durch eine Zusammenstellung der Angaben früherer Autoren und meiner eigenen Beobachtungen zu zerstreuen, soweit dies überhaupt möglich ist.

Ich beginne mit den Vulcanen von Mindanao. Derjenige, über dessen Vorhandensein und Lage sich gar kein Zweifel erheben kann, ist der Vulcan von S e r a n g a n i , welcher auf der am Meisten nach Süden hin vorspringenden Halbinsel gleichen Namens liegt in 5° 45′ N. Br. nach der Karte von Morata. Die erste geographische Bestimmung ist allerdings durch den P. Murillo geliefert (1749), er gibt auf der von D. Nicolas de la Cruz Bagay gestochenen Karte— die ich im Original besitze—die Lage desselben ziemlich genau an, aber k e i n e n N a m e n. Berghaus sagt (Geo-hydrograph. Memoir von den Philippinen 1832 pag. 62), dass dieser Vulcan Sanguili heisse, ich weiss nicht, ob bloss auf die Autorität von L. v. Buch gestützt (Canarische Inseln p. 376), den er dabei citirt, oder weil er in dem Nachdruck der Murillo'schen Karte, deren Original er selbst nicht gesehen (l. c. pag. 2), jenen Namen bemerkt hat. War das Letztere der Fall, so muss von Moritz Lawitz, welcher die Copie der Karte 1760 bei Homann's Erben in Nürnberg herausgab, der Name "Sanguili" nach eigenen Quellenstudien hinzugefügt sein; denn er findet sich nicht im Original. Auf dieser Karte ist nur der einzige Vulcan von Serangani angegeben, die beiden andern fehlen. Die einzige Stelle in dem Werke des P. Murillo, welche sich auf den Vulcan Sanguil bezieht, findet sich pag. 124, wo er sagt: "E n S a n g u i l, que esta en la parte meridional de Mindanao, hay un Vulcan, de que los Mindanaos sacaban azufre para hacer polvora". Nach der Karte nun diese Stelle zu deuten, also den im Text angegebenen Namen auf den in der Karte gezeichneten Vulcan zu beziehen, war damals wohl natürlich, aber doch wurde damit wohl ein Irrthum begangen. Ich schliesse nemlich aus der Bemerkung, dass die Mindanaos aus jenem Vulcan Schwefel holten, um Pulver zu machen, dass von P. Murillo nicht der Serangani, sondern der Vulcan von Pollok gemeint war, denn die Bewohner von Serangani werden nie als M i n d a n a o s , sondern immer nur als Moros von B u h a y e n (Buajan, Bayan etc.) bezeichnet. Vor Allem aber bestärkt mich in dieser Meinung die Ueberzeugung, dass die Quelle, aus welcher wahrscheinlich wohl der Jesuit Murillo 1749 geschöpft hat, das Werk des dem gleichen Orden angehörenden P. Combes (Historia de las Islas de Mindanao, Jolo etc., Madrid 1667) war. Diesem war keine Karte beigegeben. Aber im Texte spricht er ganz deutlich von 2 verschiedenen Vulcanen. Er sagt pag. 8: "El antiguo de Sangil, j u r i s d i c c i o n d e l M i n d a n a o" und etwas weiter ebenda: "Otro (vulcan) manifesto el horrendo estrago, que con pauor y miedo de todo este Archipielago hizo una montana, en la j u r i s d i c c i o n d e l R e y d e B u h a y e n". Diese Stelle ist beweisend. Murillo hat also das Versehen gemacht, im Text nur von dem bei Mindanao d. h. bei dem jetzigen P o l l o k liegenden Vulcan zu sprechen, welcher auf der Karte ausgelassen wurde; und er hat ferner die Geschichte des Ausbruchs vom Januar 1640 (nach Combes) oder 1641 (nach Murillo), die wegen der Gefahr, in welcher sich während desselben ein nach Ternate segelndes spanisches Geschwader befand, für die Spanier besonderes Interesse hatte, fälschlich auf den Sanguil bezogen, während Combes ausdrücklich erwähnt, dass es der Vulcan im Gebiete des Königs von B u h a y e n gewesen sei. Der P. Chirino in seiner 1604 erschienenen Historia de Philipinas erwähnt die Vulcane gar nicht; das Werk des Oidor Morga (1609) habe ich bis jetzt noch nicht einsehen können. Alle späteren spanischen Autoren haben von Combes oder Murillo einfach abgeschrieben und nur selten eine, vielleicht noch dazu falsche Notiz hinzugefügt. Wir finden in ihnen nur die zwei Vulcane erwähnt.

So wäre die Sache ziemlich klar. Nun kommen aber die späteren Reisenden hinzu, nemlich Forrest (1779), Sonnerat (1770), Dampier (1686), Carteret (1767) und endlich Compilatoren wie Le Gentil, Mallat und L. v. Buch. Des Letzteren durchweg irrthümliche

Angaben sind theilweise schon von Berghaus in seinem trefflichen "Geo-hydrographischen Memoir" berichtigt; und sie sind so unzuverlässig, so gänzlich ohne alle Kritik und Quellenstudium gemacht worden, dass ich es in der That für völlig überflüssig halte, hier weiter auf Buchs Angaben einzugehen. Wohl aber handelt es sich noch um Feststellung der ersten Angaben über den Vulcan von Davao. Dieser liegt nach meinen eigenen Beobachtungen auf etwa 7° 0′ N. Br., was mit der Angabe auf Morata's Karte vollkommen stimmt. Die spanischen Geschichtsschreiber erwähnen ihn gar nicht, wie schon angegeben. Forrest scheint ihn zuerst gesehen zu haben; denn obgleich der Vulcan von Serangani ebensoweit westlich von Pundaguitan oder Cap S. Agustin liegt, wie der Vulcan von Pollok, so ist doch die weitere Angabe (Forrest, A Voyage to New Guinea pag. 286—nicht pag. 271 wie Buch citirt —), der Vulcan liege im District von K a l a g a (Caraga) sicherlich nicht auf den von Buhayen zu beziehen, da das Terrain des Königs von Buhayen niemals zum District Caraga gerechnet worden ist. Ausserdem stimmt die in Buch's Werke für Forrest's Vulcan angegebene Breite von 6° 45′ N. viel besser mit dem von Davao, als mit dem von Serangani, in 5° 45′ N. Br. Den letzteren hat er gar nicht gesehen, wohl aber den von Pollok, auf welchen schon Berghaus (l. c. p. 62) mit Recht die meisten Angaben Forrest's bezieht. Carteret hat nur den Serangani gesehen, welchen Berghaus fälschlich Sangil nennt. Sonnerat spricht auch von einem Vulcan von Mindanao, den Berghaus mit dem von Carteret gesehenen Vulcan, dem Serangani, identificirt. Woher Buch die Breitenangabe von 5° 45′ N. Br. nimmt, welche er dem Sonnerat'schen Vulcan gibt, ist mir unklar; Sonnerat selbst gibt gar keine Breitenbestimmungen an. Aus der Beschreibung des letztgenannten Reisenden, welcher über das Ende seiner Reise absichtlich ein romantisches Dunkel verbreitet, lässt sich vielleicht mit einiger Sicherheit schliessen, das er gar nicht den Vulcan von M i n d a n a o, sondern den der Insel Sanguir im Süden der Serangani-Inseln gesehen hat. Jedenfalls aber hat er den Vulcan von Davao nicht gesehen. Nun finden sich aber in Mallat (Les Iles Philippines 1843) Angaben, freilich ohne zu sagen, woher er diese nimmt, welche wieder einigen Zweifel darüber aufkommen lassen, ob der Vulcan von P o l l o k und der von D a v a o nicht vielleicht ein und derselbe Berg sind. Er spricht auch, aber so bestimmt, von dem in Sugud Bayan-Serangani, dass wir diesen ganz vernachlässigen können. Er gibt nemlich (pag. 93) dem Vulcan von Pollok, dessen Lage er durch verschiedene wohlbekannte

Ortschaften, wie Brass, Ibus, Bunwut etc. bestimmt, an, dass er im District Kalagan liege, "qu'on aperçoit de l'île Bunwut placée dans la baie de T a g l o c". Diese letztere ist aber die Bucht von D a v a o, und wenn Mallat, für seine Angabe noch einen andern Gewährsmann, als Forrest hatte—welcher Letztere auch die Insel B u n w u t in der Bucht von T a g l o c beschreibt—, so wäre daraufhin einiger Zweifel an der Verschiedenheit der beiden Vulcane gestattet. Doch muss ich gestehen, dass ich eher an ein Versehen dieses Compilator's glaube, der selbst nicht in Mindanao gewesen zu sein scheint.

Gänzlich apokryph ist der Vulcan A m b i l bei Luzon. Berghaus gibt in seinem Memoir nur 3 Citate hierfür, Buch's Canarische Inseln, Plant's Polynesien und Allgem. Historie der Reisen zu Wasser und zu Lande XI, 406. Die beiden ersten Werke haben mich auf keine frühere Angabe zurückgeführt; das dritte konnte ich nicht zu Rathe ziehen. Uebrigens bezweifle ich die Richtigkeit; denn in k e i n e m d e r a l t e n s p a n i s c h e n A u t o r e n, die ich bis jetzt habe einsehen können, findet sich auch nur die geringste Andeutung, dass der Berg von Ambil in geschichtlicher Zeit eine Eruption gehabt habe. Bei der Lage so nahe am Eingange des Hafens von Manila hätten Murillo, Juan de la Concepcion, Martinez de Zuniga und Andere gewiss nicht versäumt denselben anzugeben.

In Bezug auf die ebenfalls apokryphen Vulcane von Siquijor und Aringay, sowie auf den gänzlich in Vergessenheit gerathenen von Joló verweise ich auf den Text und die weiteren Zusätze.

A n m e r k u n g 2. S. Darwin, Geological Observations on Coral Reefs Volcanic Islands and on South America. London 1851—mit der vor dem Titelblatt eingehefteten Karte.

A n m e r k u n g 3. Auf den neueren spanischen Karten wird diese Bahia de Tagloc immer nur Meerbusen von D a v a o, nach der Hauptstadt des jetzigen Districtes Vergara genannt. Es schneidet diese Bucht viel weiter nach Norden in das Land ein, als auf den meisten Karten, selbst auf der von Morate-Coello, angegeben wird. Ich erreichte im Jahre 1864 im Thal des Flusses Agusan die Breite von 7° 40' und konnte von hier aus deutlich die im Meerbusen von Davao liegende Insel Samal in ungefähr 30 Seemeilen Entfernung sehen, so dass das nördliche Ufer der Bucht kaum 20 Seemeilen von mir entfernt liegen konnte. Dies gibt der Ausdehnung derselben von Nord nach Süd die Länge von 1° 20′, da das Cap S. Agustin ungefähr auf 6° N. Br. liegt. Dies erklärt einen Irrthum, von dem ich nicht weiss, ob er durch die Geographen schon aufgeklärt wurde. Dampier spricht von einer Insel S. Juan, welche Berghaus auf der seinem "Geo-hydrographischen Memoir von den Philippinen 1832" beigegebenen Karte auch zeichnet. Diese Insel existirt in der That gar nicht, und es ist die Deutung, welche James Burney (s. Berghaus l. c. pag. 94) der Beschreibung Dampier's gegeben hat, völlig richtig. Bei der grossen Breite und Länge der Bucht von Davao muss diese allerdings dem Seefahrer, der um das Cap S. Agustin herumfährt, wie eine jenen östlichen Theil von dem eigentlichen Mindanao abtrennende Meerenge oder Canal erschienen sein. Doch ist wahrscheinlich wohl der Irrthum blos durch ein falsches Quellenstudium von Seiten Valentyn's entstanden. Die älteren spanischen Autoren sprechen nemlich nicht blos von einer "Isla S. Juan", sondern auch von einer "Isla de B u t u a n , de C a r a g a " u. s. w., ohne dass sie selbst jedoch die Isolirung der genannten Punkte durch das Wort isla = Insel andeuten wollen. Endlich wird von den Eingebornen noch heutigen Tages nicht die ganze Insel mit dem Namen Mindanao bezeichnet, sondern nur der centrale die beiden grossen Seen enthaltende Theil derselben, welcher von dem Rio Grande durchströmt wird und in dessen weitausgedehnter Ebene der Sultan von Mindanao sein Reich gegründet hatte. Bei allen alten Schriftstellern sind Mindanao, Buhayen, Caraga, Zamboanga u. s. w. schroffe Gegensätze; und es ist leicht denkbar, dass Dampier, Valentyn u. A., die des Spanischen nicht mächtig waren, sich durch die etwas unklare Ausdrucksweise der Eingebornen wie der alten spanischen Schriftsteller täuschen liessen. Auf der Karte des P. Murillo Velarde fehlt die Insel S. Juan gänzlich. (Historia de la Compania de Jesus, 1749.)

A n m e r k u n g 4. Da ich wünsche, dass meine so mühsam gesammelten Erfahrungen bald anderen Reisenden zu Gute kommen mögen, so erlaube ich mir hier darauf aufmerksam zu machen, dass eine erfolgreiche Untersuchung Mindanao's nur am Besten von Butuan aus vorgenommen werden könnte. In diesem christlichen Dorfe, oder noch besser in dem schon ganz im Sumpfgebiete des Agusan liegenden Dorfe Linao würde der Naturforscher seine Hauptstation zu nehmen haben. Von hier aus würde er nach allen Richtungen in das Innere von Mindanao ungehindert—soweit ihn eben seine eigne Klugheit und Energie tragen—vordringen können bis an jenen schmalen von Muhamedanern eingenommenen

Küstengürtel heran, welchen man von dem Meere aus nur sehr schwer durchbricht. Der Vulcan von Davao würde zwar bequemer von Davao selbst, dem Sitze eines Militair-Gouverneurs, zu erreichen sein; aber dennoch eignet sich meiner Erfahrung nach das Land der Manobo's vom Agusan—oder Linao und Butuan—besser zum Ausgangspunkt, da dem Reisenden von hier aus das Vordringen nach allen Radien hin ermöglicht wird, während ihm von Davao aus eine ganz bestimmte Route vorgeschrieben wäre. Ausserdem ist eine Communication von Davao aus mit Manila, Cebú oder selbst Zamboanga nur sehr schwer möglich; während der Reisende in Butuan immer Gelegenheit in kleinen Booten findet, die ihn ohne alle Gefahr nach Cebú in wenig Tagen bringen können.

Anmerkung 5. Man findet auf allen Karten einen Vulcan auf Siquijor—oder Isla de Fuegos—angegeben, der entschieden nicht vorhanden ist. Sollte vielleicht der Vulcan von Negros Grund zu solchem Irrthum gegeben haben?

Anmerkung 6. In Bezug auf die Angaben über die Ausbrüche der verschiedenen Vulcane der Philippinen finden sich einige Widersprüche in älteren Werken. Auf diese werde ich vielleicht in meinem Reisewerke zurückkommen. Ganz unerklärlich bleibt mir aber die Auslassung des Ausbruches eines Vulcanes dicht bei Joló, obgleich die beiden Berge, welche mit jenem zugleich zum Ausbruch gekommen sein sollen, nemlich der Aringay und der Serangani, in Buch's Werk über die canarischen Inseln, in den Atlanten und Handbüchern ausnahmslos aufgenommen worden sind. Alle Angaben der späteren Schriftsteller, von Mallat, Chamisso, Juan de la Concepcion etc. lassen sich zunächst auf die eine Quelle des P. Murillo Velarde, dessen Geschichte der Philippinen 1749 edirt wurde, zurückführen. Dieser Autor sagt pag. 124 "Todo nacio de aver rebentado à un mismo tiempo tres Vulcanes, uno en Sanguil, otro en Joló, y otro en los Ygolotes de Ylocos". In dem 1604 erschienenen Werke des Padre Chirino "Historia de las Islas Philipinas" finden sich gar keine Angaben über die Vulcane, und P. Combes erwähnt (1667) wohl den Vulcan Sangil und den von Buhayen oder Serangani, aber nicht den von Joló. Will man aber den späteren Angaben des P. Murillo keinen Glauben schenken, bloss desshalb, weil die älteren uns zu Gebote stehenden Autoren nichts darüber sagen, so muss man vor Allem auch den Vulcan von Aringay gänzlich streichen. Das Werk des D. Antonio de Morga, welches vielleicht noch einige Nachrichten enthalten könnte, habe ich mir bis jetzt nicht zu verschaffen vermocht.

A n m e r k u n g 7. In der zu Manila 1859–60 herausgegebenen Ilustracion Filipina liest man 1860 Nr. 11 pag. 121 die Bemerkung, es rühre der Name Bonbon von einem Negerdorfe gleichen Namens her, welches am Ufer des Sees gewesen sein soll. Woher diese Notiz stammt, ist mir unbekannt.

A n m e r k u n g 8. Dieser nach der Karte von Coello sehr tiefe See —an einigen Stellen werden mehr als 100 Faden (600 Fuss) Tiefe angegeben—ist vom Meere nur durch eine sehr schmale kaum 2 Meilen breite niedrige und ganz aus trachytischem Tuff bestehende Landenge getrennt, welche von dem aus dem See Taal kommenden Fluss Pansipit durchströmt wird. Jetzt führt dieser letztere völlig oder fast ganz süsses Wasser; doch gehen allerdings die characteristischen Thiere und Pflanzen des brackigen Wassers weit höher hinauf, als es z. B. in dem Flusse Pasig der Fall ist. Auch das Wasser des Sees selbst ist, in einiger Entfernung von der Insel, auf welcher sich der Vulcan findet, fast ganz süss; aber die älteren spanischen Autoren sprechen geradezu von einer "laguna de agua salada" (Gaspar de S. Agustin, Conquistas de las Islas Filipinas 1698 pag. 253) und erwähnen ausdrücklich, dass es in ihnen gute Thunfische gäbe, obgleich sie doch nicht so gut sein sollten wie die von Spanien. In der "Mapa General de las Almas que administran los PP. Agustinos", Manila 1845, werden ausdrücklich Meerfische als in ihr vorkommend erwähnt, nemlich "moros" (diesen Fischnamen finde ich in meinen spanischen Wörterbüchern nicht) und "tiburones" oder Haifische; ferner auch "salmonetes" (Mullus sp.). Ich selbst habe keinen dieser Fische darin gefunden; doch will ich kein Gewicht weiter darauf legen, da es mir nicht vergönnt war, trotz meines ziemlich langen Aufenthaltes in der Nähe des Sees und auf der Insel, die Fischfauna genauer zu untersuchen. In meinem Tagebuche angemerkt finden sich nur: Gobius 3–4 sp., verschiedene Percoiden, Toxotes jaculator und ein grosser Hemiramphus, welcher sich durch seinen Habitus sehr von den kleinen und schmächtigen hoch in den Süsswasserbächen der Insel bis über 800 Fuss Meereshöhe aufsteigenden Arten der Gattung unterscheidet, und vielleicht mit einer der dortigen meerbewohnenden Species identisch ist. Einer meiner Begleiter zeichnete mir in mein Tagebuch eine rohe Skizze des grossen Fisches, den sie "tiburon", Haifisch nennen, doch lässt sich aus ihr nichts Sicheres entnehmen; obgleich ich kaum zweifle, dass die Eingebornen mit ihrer Bezeichnung Recht haben, ich sah nemlich eines Tages mitten im See zwei grosse nicht weit von einander stehende Flossen von der charakteristischen Gestalt der Haifischflossen über dem Wasser emporragen, wie es bei den Haien zu sein pflegt, die sich an der Oberfläche des Wassers treiben lassen. Ausserdem soll, wie die Eingebornen sagen, ein Sägehai in diesem See—wie auch in der rein süsses Wasser enthaltenden Laguna de Bay—vorkommen. Es dürften diese Angaben jetzt um so weniger angezweifelt werden, als Peters in seiner trefflichen Arbeit über die Flussfische (Reise nach Mossambique IV, 1868 pag. 7–9) sowohl eine Pristis wie eine Carcharias-Art in dem Fluss Zambeze bei Titte, etwa 120 Meilen von der Küste entfernt, gefangen hat. Ausser solchen Meerthieren finden sich nun auch noch Ampullarien, Melanien, Cyrenen, sowie auch eine Planorbis und ein Lymnaeus, und zwar alle am Ufer der Insel, an deren Umkreis zahlreiche heisse Schwefelquellen ausbrechen, welche bis auf weiten Umfang hin das Wasser erwärmen und trübe machen. Die Melanien gehen, wie es scheint, am Nächsten an diese heissen Quellen heran.

Anmerkung 9. Der Erdboden der bevölkertsten und am Meisten angebauten Provinzen Luzon's—Batangas, Bulacan, Pampanga, Cavite, Manila—besteht durchweg aus trachytischem Tuff. Man schreibt diesem Umstande allgemein den reichen Ertrag der genannten Provinzen an Zuckerrohr und Reis zu.

Anmerkung 10. Es existirt in der schon angezogenen, in Manila 1859 edirten Ilustracion filipina eine recht gute Abbildung des Vulcanes, von Talisay gesehen, und eine andere des Kraters. Die erstere ist in das bekannte oberflächliche Touristenbuch von Sir John Bowring (A Visit to the Philippine Islands London, 1859) übergegangen, beide waren auch in der London Illustrated News abgedruckt. Die Abbildung von Choris in dem Voyage pittoresque ist von einer ganz anderen Seite aufgenommen.

Anmerkung 11. Die Ehre der Entdeckung dieses Vulcanes gebührt meinem Freunde D. Claudio Montero, dem ebenso kenntnissreichen wie energischen Chef der jetzigen philippinischen Comision hidrografica. Wir verdanken ihm eine Reihe trefflicher nautischer Karten und Spezialpläne der philippinischen Inseln. Durch ihn auf den Vulcan aufmerksam gemacht, wurde es mir leicht, von Aparri aus an der bezeichneten Stelle die Rauchsäule desselben aufsteigen zu sehen. Obgleich die Entfernung dieses Dorfes von dem Vulcan keine sehr grosse ist, so schienen die Einwohner denselben doch gar nicht zu kennen; wenigstens konnte ich von ihnen gar keine genaueren Nachrichten über ihn erhalten. Mein Diener Antonio gelangte auf einer von ihm allein unternommenen Reise im Jahre 1861 bis an den Fuss desselben; und er erzählte mir, dass die dortigen Negritos diesen feuerspeienden Berg sehr wohl kennen, so dass an eine Täuschung durch ein von den Eingebornen etwa angezündetes Feuer nicht mehr gedacht werden kann.

A n m e r k u n g 1 2. Schon auf der Karte in dem Geschichtswerke des P. Murillo Velarde, die im Jahre 1749 erschien, finden sich diese "escollos Didica" (Didica-Klippen) der späteren spanischen Karten als "Farallones" d. h. spitze kleine Inseln, angegeben. Nirgends aber habe ich bis jetzt irgend eine Andeutung gefunden von geschichtlich stattgehabten Ausbrüchen eines Vulcanes an dieser Stelle. Diese Klippen sind wohl nichts anderes, als Ueberbleibsel des Kraterrandes eines früheren Vulcans. Ganz ähnliche stehen jetzt noch etwas südlicher, sie sind auf den Karten bezeichnet als "escollos Guinapag". Das Wort "Guinapag" ist ein Compositum der Wurzel "gapag" d. h. ein trockener Fisch mit der Partikel "in".

A n m e r k u n g 1 3. Wie mir Herr Dr. Jagor, welcher ziemlich zu gleicher Zeit mit mir die südlichen Provinzen von Luzon, dann Samar und Leyte bereiste, versichert hat, finden sich in den von ihm besuchten Gegenden in der That unter den trachytischen Laven und Gesteinen auch Granit und Gneissfelsen. Ich will nun sicherlich nicht behaupten, dass an den von mir besuchten Orten durchaus keine primitiven Gesteine vorkommen, da ich als Laie in der Geologie zu einer solchen Behauptung kein Recht hätte; wohl aber scheint mir festzustehen, dass die weitaus grösste Masse der Gebirge auf den Philippinen ihre Bildung einer vergleichsweise jungen Eruptionsperiode verdankt. Unter den mehr als 600 Nummern betragenden Gesteinsstücken, die ich von den verschiedensten Fundorten mitgebracht habe, ist kaum e i n Stück, welches den älteren Perioden der Bildung der Erdrinde anzugehören scheint.

A n m e r k u n g 1 4. Es sind diese Spuren moderner Hebung auf den philippinischen Inseln ausserordentlich zahlreich. Die

Wasserscheide, welche in Mindanao die Quellen des Agusan von den nach Süden in den Meerbusen von Davao fliessenden Bächen trennt, kann nach der Beschreibung der Eingebornen und meinen eigenen Beobachtungen kaum 2–300 Fuss über dem Meere erhaben sein. Wie ein tiefer Spalt zieht sich das Thal des Agusan zwischen Central-Mindanao und den Bergen der Ostküste hin, und äusserst zahlreich sind hier die Petrefacten in Thonschichten, welche theils im tiefen Meer, theils in den Mangrovesümpfen mit brackigem Wasser gelebt haben müssen, fast ausnahmslos aber noch jetzt lebende Species sind. Der direkte Uebergang der zu ziemlicher Höhe über dem Meere erhobenen Korallenriffe in die noch lebenden ist schon im Texte hervorgehoben. Dies war fast überall zu erkennen; aber am Auffallendsten war es auf Camiguin de Luzon und auf der kleinen Insel Lampinigan bei Basilan zu beobachten. Ich citire einige Stellen aus meinem Tagebuche: "Ueberall wo (auf Lampinigan) der freie Trachytfels vom Meere bespült wird, sind die Korallen in alle Löcher und Spalten hineingedrungen und haben selbst lose Blöcke und kleine Rollsteine fest mit dem anstehenden Gestein verkittet, so dass eine Art rohen Puddingsteines gebildet wird. Diese Korallenincrustationen treten jetzt schon ü b e r d i e L i n i e d e r g e w ö h n l i c h e n F l u t h e n h i n a u s und sind alle ohne Ausnahme todt bis in eine ziemliche Tiefe in's Meer hinein (nach Schätzung etwa bis zu 8–10′). Es sind die Korallenmassen in den verschiedensten Stadien der Umwandlung." Noch deutlichere Spuren modernster Hebung fand ich ebenda in der trachytischen Lava selbst. An der Nordostseite der Insel fand ich eine kleine mannshohe Höhle, nach Schätzung etwa 20–35 Fuss über der höchsten Fluthlinie; sie war offenbar durch die Einwirkung der Wellen und der Brandung gebildet und zeigte überall eine Menge abgeschliffener Stellen. Nicht weit davon fand sich etwa 15′ über dem Meere ein trichterförmiges tiefes Loch, und in seinem Grunde noch der Stein, welcher durch die Wirbelbewegung des Wassers dasselbe in das Gestein hineingebohrt hatte. In der im höchsten Puncte kaum 150′ über dem Meere erhobenen Centralebene Luzon's findet sich an vielen Stellen nach den Beobachtungen des Padre Llanos unter der oberflächlichen thonigen sehr dünnen Lage ein Meeressediment; und an einzelnen Orten in der Provinz Pangasinam, nördlich vom Arayat, sollen sich Salzwasserseen befinden, in welchen wie in manchen süsses oder brackiges Wasser führenden Flüssen derselben Provinz, nach Aussage der Priester noch jetzt Bohrmuscheln leben sollen. Ich habe leider diese Seen selbst nicht besuchen können, zweifle aber nicht an der Richtigkeit der Beobachtung, da die philippinischen "almejas" den europäischen Lithodomusarten (dactylus etc.) so völlig ähnlich sehen, dass die Priester, welche sie dort essen sollen, ihnen den spanischen wohlbekannten Namen gegeben haben. In Spanien wird die Lithodomus dactylus als ein trefflicher Leckerbissen geschätzt.

II. Skizze.—Die Riffe und das Leben im Meere.

Anmerkung 1. Da ich meine mit der herrschenden Theorie Darwin's im Widerspruch stehenden Ansichten in einem zoologischen Berichte niedergelegt habe, welcher den meisten Naturforschern unbekannt geblieben zu sein scheint, und da ich noch nicht in der Lage bin, bald eine ausführlichere eingehendere Schilderung meiner Beobachtungen zu geben, so erlaube ich mir hier einen Wiederabdruck des 1863 publicirten Aufsatzes (Zeitschr. für wiss. Zool. Bd. 13, pag. 563–569):

"Die nördlichste Spitze der Gruppe der Pelew-Inseln oder Palaos bilden ächte Atolle; die Hauptmasse, welche der ganzen Gruppe ihren Namen übertragen hat, ist zum grössten Theil von Barrenriffen, im Süden von Küstenriffen umgeben; und die südlichste Insel ist völlig ohne eigentliches Riff. Der nördlichen Atolle sind drei: Aruangel, Kreiangel und Cossol. Die nördlichste Spitze der Insel Babelthaub setzt sich über in die hufeisenförmige Bank von Cossol, die in einer Ausdehnung von 5–6 S.-M. ihr nördliches geschlossenes Ende, durch einen 2 M. breiten Canal getrennt, dem Atoll von Kreiangel zukehrt. Ihr südliches offenes Ende scheint aus einem tiefen Canal durch allmäliges Verwachsen vereinzelter Korallenbänke seinen Ursprung zu nehmen, und Arme dieses tiefen Canals vereinigen sich zu dem Lagunencanal der eigentlichen atollförmigen Bank, welcher von dem bei niedriger Ebbe fast ganz trocken gelegten erhöhten Rand des Riffes umschlossen wird. Der Atoll Kreiangel ist vollkommen geschlossen, von 4–5 Meilen Länge und etwa 2 S.-M. Breite. Die westliche Seite des Riffes, nur schwachen Winden und seltenen aber heftigen Stürmen ausgesetzt, ist breit, und sein erhöhter Rand niedriger als alle andern Stellen des Riffes, und bezeichnet durch eine Reihe grosser, metamorphisirter Korallenblöcke, die man mit Darwin als durch die mächtige Brandung aufgeworfen betrachten, oder mit Wilkes (Un. St. exploring exped.) als Reste eines gehobenen und in Zersetzung begriffenen Riffes ansehen kann. Auf der östlichen, weniger breiten Seite des Riffes liegen vier niedrige, kaum 5′ sich über die Oberfläche des Meeres erhebende Inseln, deren südlichste keine 20 Schritt von der Brandung entfernt ist, während die andern sich mehr vom Aussenrande des Riffes entfernen, je mehr sie gegen Norden liegen. Die eingeschlossene Lagune ist schmal und an den tiefsten Stellen nur 7 Faden tief. Dieser Atoll bezeichnet die nördlichste Spitze der Gruppe, da die Canäle die ihn und die Bank von Cossol von den eigentlichen Inseln trennen, nur eine Tiefe von 60–80 Faden haben. Ganz abgesondert scheint nach den vorhandenen Karten, Aruangel zu sein, eine Bank, die 8 S.-M. weit nordwestlich von Kreiangel liegt, und die mir von den Eingebornen als Atoll beschrieben wurde. Früher bewohnt, wurde er zu Ende des vorigen Jahrhunderts überschwemmt und gänzlich zerstört; die jetzigen Bewohner von Kreiangel erzählen, die Stümpfe grosser Bäume und ein altes Badebassin dort gesehen zu haben. Leider musste ich mich mit diesen Nachrichten begnügen, denn die Freundlichkeit der Bewohner von Kreiangel vermochte nicht, ihre Faulheit zu besiegen, da ich ihr Interesse nicht durch Bezahlung erwecken konnte.

Mit Ausnahme obengenannter dreier Riffe und der Insel Ngaur (Angaur) umzieht ein einziges zusammenhängendes Riff alle übrigen Inseln, und nimmt je nach den Einflüssen der Strömungen, der vorherrschenden Windesrichtung und geologischen Constitution der eingeschlossenen Inseln, mannichfach wechselnde Bildungen an. Die Inseln des Norden, Babelthaub, Coröre, Malacca und Naracabersa sind durchaus trachytisch, während die südlicheren Inseln, unter denen ich nur Peleliu, Eimeliss und Urulong nenne, gehobene Korallenriffe sind, deren einzelne, oft senkrecht aufsteigende Klippen eine Höhe von 4–500′ erreichen. Der Trachyt der nördlichen Inseln, in seinen oberen Schichten zu einem rothen Thon verwittert und häufig durch Basaltströme durchbrochen, setzt nur geringen Widerstand dem zerstörenden Einflusse des Wogenschlages und der Atmosphäre entgegen. Tiefe Buchten fressen weit ins Land hinein, und selten sind kleine, von der Hauptinsel abgerissene Inseln, als Marksteine ihrer früheren Ausdehnung zu finden. Westlich liegt das Riff zwischen 3 und 6 M. entfernt von der Küste, und die eingeschlossene Wasserfläche ist zu einem Labyrinth von tiefen Canälen ausgefressen, welche meistens senkrecht gegen das Land auf die Thäler zu führen, aus denen bei Ebbe ein mächtiger Strom brackigen Wassers hervortritt, und dem Wachsthume der Korallen an dem Rande des ausgewaschenen Canals hinderlich wird. Sie sammeln sich in einen Hauptcanal, welcher in ziemlicher Breite dem äusseren Riffe parallel läuft, und dasselbe hie und da mit kleineren Canälen durchbricht. Für grössere Schiffe gangbare, das äussere Riff durchbrechende Canäle finden sich auf der Westseite drei, auf der Ostseite einer, und an der Nordspitze ebenfalls einer, doch entsprechen sie nicht, wie es nach Darwin als allgemeine Regel erscheinen möchte, den Thälern der Insel, vielmehr scheinen sie ihre Lage der Richtung der Strömungen zu verdanken, welche durch den wechselnden Ein- und Ausfluss bei Fluth und Ebbe gebildet werden.

Diese Strömungen nehmen immer ihre Richtung gegen den nächstgelegenen Canal hin, und niemals erregt bei aufsteigender Fluth das durch die Brandung über den Rand des Riffes geworfene Wasser einen Strom nach innen.

Ganz verschieden von den eben geschilderten Verhältnissen zeigen sich die Riffe der Ostseite, welche mit schwach erhöhtem Rand, dessen mittlere Entfernung von der Küste höchstens 800–1000 Schritt beträgt, einen kaum bei Fluth befahrbaren Canal zwischen sich und dem Lande freilassen.

Auch hier ist das Riff von mehreren Kanälen durchbrochen, die aber, wenn auch das Ein- und Austreten der durch Ebbe und Fluth erregten Ströme durch sie geschieht, dennoch so flach sind, dass sie nur bei hoher Fluth die Ueberfahrt den Böten erlauben. Der einzige Tiefwassercanal an östlicher Seite findet sich nordöstlich von Malacca, wo aber auch das durchbrochene Riff durch einen breiten Tiefwassercanal von dem nächsten Lande getrennt ist. Malacca ist die südlichste der trachytischen Inseln, und zwischen sie und die etwas westlich liegenden Inseln Coröre und Naracabersa schiebt sich eine Reihe hoher Kalkfelsen ein. Weithin gegen Süden bestehen alle Inseln ohne Ausnahme aus demselben gehobenen Korallenkalk. Auffallend zeigt sich hier die Verschiedenheit der Einwirkung gleicher Ursachen, je nachdem diese auf den leicht zerstörbaren Trachyt des Nordens oder den festen Korallenkalk des Südens einwirken. Während im Norden die vom Hauptlande abgerissenen Inseln rasch unter der Oberfläche des Meeres verschwinden, sind die Kalkfelsen des Südens durch die

Einwirkung der Strömungen und Brandung in eine Unzahl kleiner und dicht nebeneinander stehenden Inseln zerrissen, und es ist durch gar viele derselben, so z. B. in der Gruppe, welche Urulong angehört, der Zusammenhang und die frühere Ausdehnung nachzuweisen. Alle diese Inseln sind von Urulong an bis Pelelew durch eine ziemlich horizontale Fläche verbunden, die nur wenig von tiefen Kanälen durchfurcht, wohl die Tiefe anzeigt, bis zu welcher hin die abwaschende Wirkung der Brandung gegangen ist. So lässt sich auf der ganzen Ausdehnung von Pelelew bis Malacca hin das Meer bei tiefer Ebbe nicht mehr mit Sicherheit befahren. Pelelew, die südlichste dieser Inseln, besteht aus einer, nur etwa 10′ über dem Meere erhabenen ganz aus metamorphosirtem Korallenkalk gebildeten Fläche, in deren nördlichem Ende man noch die vereinzelten Reste eines, einstmals gewiss zusammenhängenden und jetzt bis auf 200–250′ erhobenen Korallenriffes findet. Ziemlich zusammenhängend ist dieses Riff noch auf der nordwestlichen Seite, wo es seine grösste Höhe erreicht und sich auf einer schmalen Landzunge in niedrigeren Klippen fortsetzt, und der östlichen, von ihr durch eine breite Niederung getrennten, und in einzelne Inseln aufgelösten Klippenreihe entgegentritt. So scheint diese Niederung, welche theils von Sümpfen und Mangrovebüschen erfüllt ist, theils die Kukau-Felder der Bewohner der Insel trägt, eine Laguna anzudeuten, welche einstmals bestanden haben mochte. Diese hohen Klippen sowohl, wie die, welche der Ebene der Insel angehören, sind reich an Petrefacten, welche, so weit ich augenblicklich darüber aburtheilen kann, den Schichten ein sehr junges Alter zuweisen. Vorherrschend sind in den tiefsten Schichten der centralen Klippenreihe zwei oder drei Arten Tubiporen, ferner ein Pecten, und verschiedene Astreiden. In den Klippen der Ostküste, welche zwischen 5 und 10′ über dem Meere erhoben sind, fand ich eine Menge Maeandrinen und Astraeen. Aus der Reihe weniger häufig vorkommender Petrefacten erwähne ich nur noch eines Haifischzahnes von einer Insel bei Coröre, eines Reptilienzahnes, vermuthlich des Crocodilus biporcatus und eines Dentalium von Pelelew.

Das lebende Riff, welches diese Insel umfasst, ist im Westen ungefähr 400–600 Schritte entfernt und von ihm durch keinen Tiefwasserkanal getrennt; je mehr es sich gegen Süden zieht, tritt es näher an die Küste heran, und ist im Osten an manchen Stellen kaum 30 Schritt von den gehobenen Klippen entfernt. Diese sind, durch die hier mächtige Brandung in eine Anzahl kleinerer Inseln und einzeln stehender Blöcke aufgelöst, welche da, wo sie unter dem aufgeworfenen Sande verschwinden, leicht zu der Annahme verführen könnten, als dankten sie ihre Entstehung den durch die Brandung aufgeworfenen Korallenblöcken im Sande.

Das Ende des Archipels sowie den Abschluss dieser verschiedenen Entwickelungsstufen der Korallenriffe bildet die Insel Ngaur, welche von Pelelew durch einen 4 Meilen breiten Tiefwasserkanal getrennt, gänzlich frei von umgebenden Riffen ist. Sie besteht nach der Schilderung der Bewohner von Pelelew aus demselben Korallenkalk wie diese letztere, welcher ebenfalls von niedrigem Vorlande umgeben, in schmaler Klippenreihe zu 100–150' Höhe ansteigen mag.

D a r w i n 's Theorie von Bildung der Korallenriffe nimmt bekanntlich überall dort eine Senkung an, wo sich Barrenriffe und Atolle befinden, eine Hebung dort, wo Küstenriffe entstehen. Hier aber finden wir auf kleinem Raume (denn die ganze Ausdehnung von Nord nach Süd zwischen Ngaur und Kreiangel beträgt nur etwa 60 Seemeilen) sämmtliche Formen zusammen und die Bildung der innern Riffe des südlichen Theiles der Gruppe deutet auf eine lange Epoche völliger Ruhe, oder sehr geringer Hebung oder Senkung. Könnte nur eine Senkung die Bildung der Atolle des Nordens erklären, so müsste entweder die Insel Ngaur so gut von Riffen umgeben sein, wie alle übrigen, oder stationär geblieben sein, Pelelew nur wenig, die nördlichen Inseln sich bedeutend gesenkt haben. Aber diess bliebe nur eine Annahme, die nicht besser und nicht schlechter als jede andere wäre. Ist meine vorläufige Bestimmung der in den gehobenen Korallenriffen der südlichen Inseln gefundenen Petrefacten richtig, so würde die Zeit der Hebung derselben, die wohl durch den letzten trachytischen Ausbruch bezeichnet sein mag, in eine sehr junge geologische Epoche fallen. Gerade aber auf das Nichtvorkommen solcher Hebungen in der jüngsten Epoche legt Darwin bei der Begründung seiner Hypothese das grösste Gewicht, und die definitive Bestimmung des geologischen Alters jener gehobenen Koralleninseln könnte einen wesentlichen Einwand gegen dieselbe abgeben. Aber auch hiervon abgesehen, scheint mir das gemeinschaftliche Auftreten der Riffe in den verschiedensten Gestalten, die grosse nur in geringer Tiefe unter dem Meere liegende Fläche der südlicheren Insel von Pelelew bis Coröre, ja selbst die Verschiedenheit der westlichen und östlichen Riffe des Nordens hinreichender Grund zur Annahme, dass die Bildung der Riffe d i e s e r Inselgruppe wenigstens von keiner Senkung begleitet war.

Colonien einer Porites-Art deuten auf ein Moment, dem ich jetzt bei der Bildung von Korallenriffen den wichtigsten Einfluss zuschreiben muss, welches aber von den Reisenden, welche dieser Frage ihre Aufmerksamkeit zugewandt, bisher gänzlich ausser Acht gelassen zu sein scheint. Dies sind die constanten, hauptsächlich durch Ebbe und Fluth hervorgerufenen und durch das Wachsthum der Korallenriffe sowie durch physikalische Einflüsse des Meeres beinflussten Strömungen. Die erwähnte Porites bildet Colonien von Faustgrösse bis zu der Oberfläche von 6–8 und mehr Fuss im Durchmesser. Diese verschiedenen Stadien der Grösse zeigen, wie auf der Oberfläche allmälig die mittleren Individuen absterben und den Mittelpunkt einer mehr und mehr sich vergrössernden todten Fläche bilden. Auf dieser treten schon bei kleinen Colonien Furchen auf, die, ursprünglich wohl Resultat des ungleichen Wachsthums der verschiedenen die Colonie bildenden Individuen, sich bald zu Rinnen gestalten, in denen bei tiefen Ebben das auf der Oberfläche stehen bleibende Wasser seinen Abfluss findet. Der erhöhte Rand dieser bald kreisrunden, bald länglichen Colonien trägt nach aussen lebhaft vegetirende Individuen, die mehr und mehr nach innen krankhafter werden, bis sie zuletzt absterben und durch den Einfluss des auf der mittleren etwas niedrigeren Fläche stehenden Wassers bald abgetragen und auf das Niveau derselben übergeführt werden. Oft bleibt der äussere erhöhte Rand völlig undurchbrochen, aber gewöhnlich wird er durchsetzt durch eine oder mehrere Wasserrinnen. Je nach den verschiedenen Zufälligkeiten der Gestalt, welche die ersten Anfänge dieser Polypenkolonien zeigen, und dem dadurch bedingten Spiele der Strömungen bilden sich die mannigfachsten Formen aus, die von dem ganz geschlossenen oder in einzelne Wülste aufgelösten Ringe (dem Atoll) in Kolonien übergehen, welche Korallenblöcke anderer Art so umsäumen, dass sie bald sich einem Barrenriffe, bald einem Küstenriffe vergleichen liessen, je nachdem sie mehr oder minder alt, in grösserer oder geringerer Entfernung von dem sie umwachsenden Block stehen.

Eine kleine Porcellana gibt ein anderes interessantes Beispiel der Wirkung constanter Ströme auf das Wachsthum der Korallen. Je ein Individuum dieser Krabbe lebt an dem Stamme einer Koralle eingeschlossen in einer krankhaften Wucherung derselben. Sie lebt darin, ein unfreiwilliger Einsiedler, denn zwei, und sich gerade gegenüberstehende schmale Spalten, das Resultat des constanten von den Thieren erregten Stromes, erlauben zwar die Zuführung frischen Wassers und mikroskopischer Thierchen, aber ihm nicht die Auswanderung, einer Lebensgefährtin nicht den Eintritt. In früher Jugend klammert sich das Junge an den Stamm an, und durch den Reiz hervorgerufen, wuchert die Korallenmasse mehr und mehr um dasselbe herum, bis endlich in dem späteren Lebensalter der Krabbe, der durch die Bewegung ihrer Beine erregte constante Strom hinreichende Kraft erlangt hat, das Verschliessen der Oeffnungen durch das fortgesetzte Wachsthum der Korallen zu verhindern.

Aehnliche Verhältnisse wiederholen sich im Grossen. Dort, wo sich bei günstiger Beschaffenheit die horizontale Kuppe eines untermeerischen Berges gleichmässig mit einer Schicht Korallen überzieht, bilden sich dennoch von Anfang an solche Verschiedenheiten hervor, dass im Laufe der Zeit bei Hinzutreten des Einflusses der Strömungen grosse Unregelmässigkeiten des Riffes hervortreten können.

Aehnlich wie die Porites-Colonien ganz geschlossene oder stark durchbrochene Ringe bilden, die einen mittleren, etwas niedrigeren von Wasser bedeckten Raum umschliessen; ebenso mag auf jener Fläche das Riff bei ruhiger, nicht von Strömen durchfurchter See einen geschlossenen Ring bilden oder bei starken und wechselnden Strömungen sich in eine im Ringe gestellte Reihe von Flecken auflösen. In beiden Fällen dient das Ein- und Ausströmen des Wassers bei Fluth und Ebbe zur Austiefung des inneren Raumes; denn während der aus lebenden Korallen bestehende äussere Theil des Riffes dem Andrang des Wassers starken Widerstand entgegensetzt und durch zufällig entstandene Riffe oder Spalten den Fluthen bestimmte Bahnen vorschreibt, weicht die innere Masse, welche meist nur aus losen Blöcken und leicht aufgehäuftem Sande besteht, rasch den kräftig eintretenden Strömen der Fluthen und Ebben. Oder es bilden sich eine Anzahl vereinzelter Riffe, welche ursprünglich klein, den Strömen freien Spielraum lassen, aber allmälig wachsend und sich vereinigend zu zusammenhängenden Riffen die vorhandenen schwächeren und unbestimmteren Ströme in engere Bahnen einschränken und zugleich damit so ihre Kraft verstärken, dass das völlige Zusammenwachsen der einzelnen Riffe mehr oder weniger verhindert wird. Mit der Mannichfaltigkeit der

Grundlagen, auf denen sich die Riffe bilden, wechseln so die Formen, welche die letztere annehmen. Untermeerische Rücken werden die Träger der Atolle; aus Küstenriffen, welche die Inseln umsäumten, werden durch den Einfluss jener Strömungen Barrenriffe, die um so weiter von dem umgebenden Lande entfernt sind, je schwächer die Neigung ihrer Abhänge oder je grösser das umgebende Vorland war. Bei sehr steilen Küsten bilden sich selten nur eigentliche Küstenriffe, niemals wirkliche Barrenriffe. So wachsen die Korallen an der kleinen Insel Ngaur so dicht an der Küste, dass bei hoher See die Brandung ihre Felsen bespült. Die ganze Ostküste des nördlichen Theiles von Mindanao, ebenso die Ostküste des nördlichen Theiles von Luzon zeigen nur in den Buchten grössere Flecken lebender Korallen; aber niemals bildet sich, weder in dieser, noch an der steil abfallenden, dem Meer ausgesetzten Küste ein eigentliches Riff, und an den meisten Stellen würden sich die grössten Schiffe denselben bis auf Kabellänge nähern können. Dort aber, wo sich eine Landzunge untermeerisch fortsetzt, überzieht sie sich mit Korallen und bildet weithin sich erstreckende Riffe, wie z. B. an Luzons's Ostküste, am Eingange des Hafens von Palanan.

Wesentlich abhängig ist die Bildung der Atolle und Barrenriffe von der Festigkeit der Grundlagen oder der Inseln, an die sie sich anlehnten. So bot die West- und Südseite der Insel Babelthaub dem Abwaschen durch die Brandung nur wenig Widerstand, und die untermeerischen Strömungen innerhalb des Aussenriffes vermochten leicht tiefe Canäle in den Boden einzugraben, die sich im Norden zu dem zwischen 40 und 60 Faden tiefen Lagunencanal vereinigten, im Westen von Coröre einen grossen tiefen See bildeten, der sowohl mit dem nördlichen, als dem östlich von Coröre einführenden Canale in Verbindung steht. Wesentlich anders war die Wirkung der gleichen Strömungen auf dem südlichen Theil des Archipels; hier konnte die Brandung wohl den Fuss der Inseln stark aushöhlen, tiefe Höhlen und schmale Thore einfressen, aber viel langsamer verschwanden die so abgerissenen Theile unter dem Meere. Die tiefen und breiten Canäle des Nordens nehmen ab in Zahl und Breite, und manche derselben verlieren sich allmälig in jene, nur wenige Faden unter dem Meere liegende Fläche, welche in ihren ausgedehnten Korallenfeldern den günstigsten Boden zur Betreibung der Balate-Fischerei bieten. Ein gleicher relativer Unterschied zeigt sich in den östlichen Küstenriffen des Nordens und des Südens. Während dort die Brandung, weniger zwar als auf der Westseite, die theilweise basaltische Küste befressen, und die Bildung eines inneren flachen Bootcanals zwischen jener, und dem höchstens 1000 Schritt abstehenden Aussenrand des Riffes ermöglichen konnte, setzten die Ostküsten der Kalkinseln des Südens solchen Widerstand dem Einflusse des Meeres entgegen, dass sich nirgends die mindeste Spur eines Canales zwischen dem Aussenriff und der Insel findet. Die grosse Verschiedenheit, welche die Ost- und Westriffe in der Entfernung von ihren angrenzenden Küsten zeigen, erklärt sich durch den Einfluss des beständig von Osten mächtigen Seegangs, der in seiner stetig fortgesetzten Wirkung den einzelnen Korallenindividuen das rasche Wachsthum nach aussen unmöglich machte, während die Korallen des Westens in den langen Perioden der Ruhe sich nach allen Seiten frei und kräftig ausbreiten konnten. Doch kann diese Vergrösserung, welche das Riff nach Westen hin erfahren haben mag, weniger bedeutend gewesen sein, als das Hindrängen der östlichen Riffe an die Inseln: und wie hier die zurückdrängende Wirkung des Seeganges das Aussenriff immer der Küste dicht folgen lässt, und seine Neigung nach aussen sanfter macht, als die der westlichen Seite, so muss das westliche Riff so ziemlich immer die Ausdehnung des früher bestandenen Landes oder des untermeerischen Rückens bezeichnen.

Hiermit soll indess keineswegs die Möglichkeit geläugnet werden, dass manche Atolle oder Barrenriffe sich bildeten zur Zeit, als die untermeerische Höhe, auf der sie standen, sich senkte; oder dass selbst in manchen Fällen die Senkung wirklich den Anstoss zur Bildung derselben abgab. So würde z. B. die Insel Ngaur sich senken müssen, ehe sich um sie herum ein Barrenriff bildete. Zur Entscheidung der Frage kommt es also zunächst auf das möglichst genaue Studium aller einzelnen Fälle an. Schwieriger, als bei Barrenriffen, wo die ihre Form bedingenden Ursachen dem Forscher noch zugänglich sind, ist die Untersuchung, w e l c h e jener Ursachen wirksam waren, bei Atollen, und hier dürfte die Entscheidung wohl nur durch die grössere Natürlichkeit herbeigeführt werden, welche die eine oder die andere Annahme zu besitzen schiene. Subjectiver Auffassung ist hier ein reiches Feld geöffnet; denn selbst in solchen Fällen, wo, wie in der grossen Chagos-Bank, eine Senkung neuerdings stattgefunden haben muss, bleibt dennoch die Frage offen, ob der Bildung der lebenden Bank ebenfalls eine Senkung zu Grunde lag. Die Annahme aber, dass nur oder hauptsächlich das wechselnde Spiel der Strömungen bei der

Bildung der Korallenriffe wirksam sei, könnte manche Fälle erklären, die für die Senkungstheorie jetzt noch eine Ausnahme bilden. Ich meine das Vorkommen von ächten Atollen in Erhebungsflächen (areas of elevation), von den mir näher liegenden erwähne ich nur das Bajo de Apo an der Westküste von Mindoro, dann die Islas Amantes und die Islas Cagayan cillos, welche nach den mir vorliegenden Plänen echte Atolle zu sein scheinen. Die West- und Nordküste von Bohol sind von weit abstehenden Riffen umsäumt, welche mannigfach durch kleine Canäle durchbrochen, vom Lande durch einen Tiefwassercanal getrennt sind, in welchem selbst ziemlich grosse Schiffe sich dicht dem Lande nähern können. Alle diese Punkte liegen eingeschlossen in dem jetzt in Hebung begriffenen Archipel der Philippinen. Hier würde die Annahme, dass Strömungen sie gebildet, nicht derselben Schwierigkeit unterliegen, wie die Voraussetzung einer Senkung; und in der That sind auch an andern Stellen dieses Archipels Fälle nicht selten, in welchen die Bildung von Atoll-geformten Riffen oder solchen, die mit der Zeit dazu werden können, deutlich auf die Einwirkung constanter Strömung zurückgeführt werden kann.

Die Insel Tigtauan, in zwei Meilen Entfernung von der Ostküste der Südwestspitze von Mindanao liegend, zeigt an ihrer Westseite, auf welche der Fluss von Masinloc zuströmt, einen schmalen Canal, welcher den höheren Rand der niedrigen, ganz aus Korallen bestehenden Insel durchbricht und in einen inneren von Mangrove-Büschen bewachsenen Raum führt, welcher bei Fluth völlig vom Wasser bedeckt, bei Ebbe grösstentheils trocken gelegt wird. In den stehenbleibenden Lachen leben schwächlich einige Astraeenknollen. Eine ähnliche Bildung zeigt die Insel S. Cruz vor Zamboanga. Wie verschieden das Wachsthum der Korallenknoten ist, je nachdem ein Strom trüben oder klaren, salzigen oder brackigen, in der einen oder andern Richtung fliessenden Wassers sie trifft, konnte ich mit wenig Mühe in der Silangan de Basilan erkennen. Hier sind die beiden Seiten des Canals, welcher die Insel Malaunavi von Basilan trennt, ganz von üppig lebenden Korallen bewachsen; aber der heftige Strom, welcher sowohl bei Ebbe als bei Fluth immer von Ost nach West geht, bedingt durch die eigenthümlichen topographischen Verhältnisse, verhindert das Wachsthum der Korallen nach aussen, und zwingt sie, statt in die Breite sich nur in die Länge nach oben auszudehnen. So sind die Wände des Canals vollkommen senkrecht. Dort, wo sich durch die Gegenströmungen des austretenden Baches von Isabela Wirbel und Stillen bilden, häuft sich Sand und Schlamm an, auf dem ziemlich zahlreiche isolirte Korallenknollen wachsen, die aber statt in die Höhe sich mehr in die Breite ausdehnen. Am Westende des Canals theilt eine kleine Insel die Strömung in zwei Arme. An der Spitze der Insel, welche diese Theilung bewirkt, finden sich üppig vegetirende Korallen, welchen das hier ruhige Wasser Wachsthum, sowie in die Breite auch in die Höhe erlaubt; aber dort wo beiderseits die Ströme die Insel tangiren, wachsen die Korallen wie vorher in die Höhe, ohne sich in die Breite auszudehnen."

Späterer Zusatz. Eine grosse Schwierigkeit für alle früheren Theorien über Bildung der Korallen war die Unmöglichkeit zu erklären, wie sie aus den grossen Tiefen der tropischen Meere heraufbauen konnten. Diese schien durch Darwin's Ansicht gehoben zu sein, da die Tiefe, welche die Koralleninseln umgibt, erst ein Product der Senkung sein sollte. Nach meiner Ansicht würde sie dagegen wieder in ihr Recht eintreten—wenn nicht seitdem andere Beobachtungen über das Leben der Thiere in grossen Tiefen hinzugekommen wären. Ich erinnere hier nur an die Entdeckungen der Neuzeit durch das Schleppnetz in den nordischen Meeren, an des jüngeren M. Edwards Angaben über Thiere im Mittelmeere, an die Mittheilungen von Carpenter, Pourtales etc. Hier kommen mir für meine Meinung hauptsächlich des Letzteren Beobachtungen erwünscht, weil er nachwies, dass weit ab von den Florida-Riffen eine Zone mit der Tiefe von 90–300 Faden gefunden wird, in welcher zahllose Massen von Korallen und Schalentrümmern zu einem Kalkconglomerat verbunden werden, welches dem der gehobenen Florida-Riffe sehr ähnlich sieht, und bei fortgesetzter Hebung jener Gegenden einen trefflichen Boden für die Ansiedlung der eigentlich riffbildenden Madreporen und Milleporen abgeben kann. Auf das Factum, dass letztere nur in geringen Tiefen leben, ist absolut kein Gewicht zu legen; denn es kommt eben nur darauf an, dass in der Zone, in welcher sie leben, ein hinreichend fester Boden zu ihrer Ansiedlung vorhanden ist. Dies aber kann, wie die Beobachtung von Pourtales lehrt, auf die leichteste Weise durch allmälige Hebung irgend eines Kalkconglomerates—oder eines vorgebildeten festen Gesteines— geschehen. Eine scheinbare Schwierigkeit für meine Ansicht, dass die Korallenriffe sehr wohl während einer Periode d e r H e b u n g sich gebildet haben können, liegt in der Behauptung, dass die echten Barrenriffe sich wie die Atolle nur bis an die Oberfläche des Meeres oder nur wenig über dieselbe erheben sollen. Einmal ist dies nicht

durchgehends richtig; aber selbst wenn es der Fall wäre, so gäbe
ein solches Factum noch durchaus keinen Grund ab gegen die
Annahme, dass die abschleifende und auflösende Wirkung des
Wogenschlages, der Strömungen und der athmosphärischen
Einflüsse s t ä r k e r sei, als die erhebende Kraft. Dass letztere, die
vulcanische Kraft, wenn ich so sagen darf, mitunter stärker ist, als
die an der Oberfläche entgegenwirkende, beweisen die gehobenen
Korallenriffe auf den Pelew-Inseln, den Philippinen etc.; ist sie aber
schwächer, so ist eben allen jenen Einwirkungen der Elemente
freies Spiel gelassen, auf deren Complex ich die Bildung der echten
Korallenriffe eher zurückführen möchte, als auf die einzige Ursache
der Senkung ganzer Regionen, wie es Darwin thut.

A n m e r k u n g 2. Für die Zoologen füge ich über diesen
interessanten Krebs noch einige Bemerkungen hinzu. Der jüngere
M. Edwards beschreibt (Maillard, Notes sur l'isle de la Réunion)
einen solchen Krebs, der in einem Loche einer Maeandrina leben
soll, unter dem Gattungsnamen Lithoscaptus. Dass dieser M.
Edward'sche Krebs, dessen Beschreibung sehr sorgfältig ist,
wirklich mit dem von mir in G a l l e n verschiedener Korallen
gefundenen generisch übereinstimmt, beweist mir eine
philippinische in dem Loch einer Astraea lebende Art, welche sich
nur specifisch von den 2 philippinischen in G a l l e n lebenden
Species trennen lässt. Dann sehe ich aus einer Notiz von Verrill
"Remarkable Instances of Crustacean Parasitism" in Silliman's
American Journal July 1867, dass schon Stimpson dieselbe Gattung
aus Gallen der Pocillopora cespitosa unter dem Namen
H a p a l o c a r c i n u s beschrieben hat. Dieser letztere Name hat
also die Priorität vor dem von M. Edwards. Ob in neuerer Zeit, seit
1865, irgend ein Autor noch Beobachtungen über diese Krebse
mitgetheilt hat, kann ich nicht sagen, da ich in Bezug auf Literatur
hier in Würzburg sehr beschränkt bin, und die entomologischen
Jahresberichte von Gerstäcker so unregelmässig erscheinen, dass
ich bis jetzt immer noch nicht den zweiten Theil des für 1865–66
herausgegebenen Berichtes erhalten habe, welcher die Crustaceen
enthält.

A n m e r k u n g 3. Ich verweise in Bezug auf die Lebensweise und
Organisation der Holothurien auf mein Werk über diese
Thiergruppe, das als 1. Band des wissenschaftlichen Theiles meines
Reisewerkes erschienen ist.

Anmerkung 4. Ich verweise den Leser, der sich spezieller über die Tamblegam Perlenmuschel unterrichten will, auf einen Aufsatz in den Annals of Natural History 1858 Vol. I. pag. 88–91.

Anmerkung 5. Ich kann die Angaben, welche Wilson in dem einst solches Aufsehen erregenden Buche von Keate "An Account of the Pelew Islands etc. London 1788" pag. 234–236 über diesen Orden und die bei seiner Verleihung beobachteten Gebräuche gemacht hat, durchaus bestätigen. Ueberhaupt möchte ich hier ein Wort für die oft angezweifelte Glaubwürdigkeit des englischen Seemannes einlegen. Ich für meinen Theil habe seine Angaben durchweg bestätigt gefunden, und ich finde in seinen Schilderungen eine solche Wahrheitsliebe, verbunden mit guter Beobachtungsgabe und Kritik, dass ich wünschen möchte, die gleichen Eigenschaften in demselben Masse bei allen späteren Reisenden wiederzufinden. Leider ist dies durchaus nicht der Fall, und während ich geneigt bin, die schlichten Erzählungen des gut beobachtenden einfachen Seemannes durchaus als glaubwürdig und richtig anzunehmen, hat mich auf anderem Boden die eigene Erfahrung gelehrt, wie oberflächlich und falsch oft die Bemerkungen berühmter Gelehrter und Reisender sind. Es scheint in der That keine leichte Kunst zu sein, neben der Gelehrsamkeit sich auch die, ich möchte sagen, unschuldige Naivität und Beobachtungsgabe zu bewahren, wie sie oft ungelehrten, aber desswegen auch nicht von grossartigen Theoremen beeinflussten Reisenden eigen zu sein pflegt. Wilson beschreibt die an ihm selbst vollführte Ceremonie des Anlegens des Knochenordens, und fügt dann eine kurze Ermahnung des Königs hinzu, "dass der Knochen täglich von ihm blank gerieben und als ein Zeichen seines nun angenommenen Ranges behalten werden müsse; dass dieses Zeichen seiner Würde von ihm tapfer zu vertheidigen sei und er eher den Tod erdulden müsse, als zu gestatten, dass man ihm dasselbe abnehme."

Anmerkung 6. Unter diesem Namen findet man in den ältern spanischen Schriftstellern den dujong häufig erwähnt; leider aber sind die über ihn mitgetheilten Notizen so dürftig—theilweise auch ganz abentheuerlich—, dass eigentlich daraus nur die frühere bedeutende Häufigkeit des Thieres zu ersehen ist. Ob die zweifellose Abnahme der Zahl derselben lediglich auf Rechnung der Verfolgung durch den Menschen zu setzen ist, wird kaum zu entscheiden sein. Wenn ich den Angaben der Bewohner der Pelew-Inseln Glauben schenken darf, so muss der dujong im stillen Ocean früher nicht gerade selten gewesen, jetzt dagegen gänzlich ausgestorben sein. Das gleiche Schicksal theilt, wie es scheint, das Krokodil (Crocodilus biporcatus Cav.). Es ist dies, das Meer wie die Seen und Flüsse gleichzeitig, bewohnende Krokodil ungemein weit verbreitet, nemlich von den Mascarenen an bis nach Nord-Australien und den Fidji-Inseln (S. Strauch, Synopsis der gegenwärtig lebenden Crocodiliden pag. 53). Kotzebue fand es auf seiner Reise um die Welt (Bd. III. pag. 189) auch auf den Pelew-Inseln. Während meines zehnmonatlichen Aufenthaltes dort im Jahr 1862 hörte ich weder von einem Unglück, noch von dem Fang eines solchen Thieres; ein halb zerschlagener Schädel war das Einzige, was ich dort fand. Auch sagten mir die Eingebornen auf Befragen, dass das Thier jetzt sehr selten geworden sei.

Anmerkung 7. Bei der Einfahrt in den Fluss Pasig ziehen diese mächtigen Netze mit den hochgestellten Hebelbäumen, an denen sie sich bewegen, gleich die Aufmerksamkeit des Reisenden auf sich. Sie bilden hier in der That eines der am meisten charakteristischen Momente. Der ganze Hebelapparat steht auf einem grossen von Bambusrohren gebauten Floss, auf welchem sich der Fischer mit seiner Familie häuslich für Tage und Wochen niederlässt. Eine leichtgebaute Hütte gewährt ihnen Schutz gegen Regen und Sonne, und seine Fischmahlzeit mit Reis kocht er sich dicht daneben in freier Luft.

III. Skizze.—Das Klima und das organische Leben.

Anmerkung 1. Ich theile hier mit gütiger Erlaubnis des Herrn Prof. K a r s t e n in Kiel den nachfolgenden Aufsatz in extenso mit, lasse dabei jedoch die graphische Darstellung der allgemeineren Resulate fort, die ich in meinem Reisewerke zugleich mit dem wiederabgedruckten Aufsatz geben werde.

Ueber das Klima der Philippinen.

Von Prof. G. Karsten in Kiel.

Die Beobachtungsresultate von den Philippinen, welche im Folgenden zusammengestellt sind, gründen sich auf das von Herrn Dr. S e m p e r hergestellte Material. Die einzelnen Beobachtungsreihen sind die folgenden:

1) Sta. Ana bei Manila, die ausgedehnteste Reihe, welche nach der Lage des Ortes und wie auch aus den Resultaten der einzelnen Jahre sich ergibt, sehr gute Mittelwerthe liefert, so dass Sta. Ana als Normalort für die übrigen Punkte betrachtet werden kann. Die Beobachtungen umfassen die Zeit vom Februar 1859 bis September 1862. Sehr vollständig sind Temperaturen, Winde, die Niederschläge und die Psychrometer. Das Barometer ist nur ein Jahr hindurch notirt. Ausserdem finden sich Nebenbemerkungen über die Himmelsansicht, Form der Niederschläge, Gewitter und Erdbeben.

2) St. Miguel bei Manila, Januar bis Mitte März 1863.

3) Bohol, südlich von Manila, 15 Monate, von Oct. 1863 bis Dec. 1864.

4) Kürzere Reihen und Notizen des Reisejournals von nordwärts Manila und zum Theil hoch gelegenen Orten: Cagayan, Mancayan, Benguet, Calumpit u. s. f. Die Beobachtungen von Benguet etwa 4000′ über dem Meere sind spanische zu den Stunden 7, 2, 9 angestellt. Ebenso sind die Beobachtungen von Calumpit spanische. Eine kleine Beobachtungsreihe (Thermometer und Barometer) von Mr. Green von October 1851 bis December 1852 in Binondo (zwischen Häusern). Desgl. eine Reihe Thermometer- und Barometerbeobachtungen für 1860 von Aguirre aus Manila.

131

Ich beschränke mich im Wesentlichen auf die Reihe 1 und werde nur einige Bemerkungen über das sonstige Material hinzufügen. Die Beobachtungszeiten waren 6, 2, 10, so dass nach Anbringung der für die Instrumente ermittelten Correktion die Mittelwerthe direkt als das arithmetische Mittel genommen werden konnten.

I. Monatswerthe von Temperatur, Barometer, Dunstdruck, relativer Feuchtigkeit und mittlerer Windrichtung zu *Sta. Ana (Manila)* in der Zeit vom April 1859 bis September 1862.

	Temperatur.						Barometer.					Dunst
	Mittel.	Maximum.		Minimum.		Mittel.	Maximum.		Minimum.			
		Tag	*t*	*Tag*	*t*		*Tag*	*b*	*Tag*	*b*		*p*
1859												
April	20.82	25	28.0	5	15.0							
Mai	22.50	13	27.5	14	19.0							
Juni	22.36	1	27.5	29	19.1							9
Juli	21.52	7	26.6	12	17.8	335.63	15	336.58	27	334.11		9
August	21.51	25	27.0	7	17.2							9
Septbr.	21.20	30	25.0	3	18.0							9
Octbr.	20.44	26	24.0	1	18.0							9
Novbr.	20.39	21	24.1	4	17.7							9
Decbr.	19.47	1	23.4	18	14.7							8
1860												
Januar	19.25	19	23.1	9	14.6							7
Febr.	20.06	28	25.3	5	15.4							8
März	20.58	28	27.0	2	13.7							7
April	21.56	4	27.7	28	17.0							8
Mai	22.05	9	28.8	14	16.3							8
Juni	21.74	6	27.7	3	17.7							9
Juli	21.27	2	26.8	20	17.0							9
August	21.82	18	26.5	11	18.1							9
Sept.	21.21	4	25.9	24	17.6							9
Oct.	21.26	26	25.5	30	15.4							9
Nov.	20.16	2	24.6	26	12.7							8
Dec.	19.63	11	24.6	1	12.1							7
Jahr	20.72											

1861

Jan.	19.45	31	24.2	18	14.2							7
Febr.	20.18	17	25.0	23	14.5							7
März	20.97	28	26.1	12	14.5							7
April	22.22	8	26.5	10	14.6							8
Mai	(—)	—	—	—				—		—		
Juni	21.46	17	26.2	22	18.0							9
Juli	21.59	4	25.5	21	18.0							9
August	21.18	10	25.5	15	18.1							9
Sept.	21.05	13	24.4	4	17.8							9
Oct.	20.67	8	24.1	14	16.9	335.96	28	337.30	11	332.56		9
Nov.	20.10	10	24.1	27	14.4	36.86	26	37.83	12	35.88		8
Dec.	19.35	18	24.0	27	14.6	37.68	7	39.12	2	35.57		7
Jahr	(20.80)											

1862

Jan.	19.19	31	23.8	24	14.5	37.76	14	39.12	8	36.01		7
Febr.	19.60	5	23.9	19	13.9	37.56	10	38.93	5	36.11		7
März	20.46	28	24.5	18	15.7	37.81	8	38.98	31	35.97		7
April	22.00	20	26.0	22	17.1	37.27	22	38.19	9	36.01		7
Mai	22.75	22	27.4	2	17.2	37.10	31	38.27	27	34.68		8
Juni	22.35	10	27.1	22	18.4	36.95	2	38.23	5	35.39		9
Juli	21.51	1	25.2	14	18.6	36.92	8	38.41	24	34.46		9
August	21.49	3	24.6	16	18.3	36.90	18	38.23	6	34.07		9
Sept.	21.27	21	24.7	4	18.1	37.15	27	38.50	23	35.00		9

Die Oscillationen um diese Mittelwerthe ergeben sich aus den
Zusammenstellungen über die einzelnen Witterungsfaktoren, die ich
hieran anschliesse.

A. Die Temperaturen.

Obwohl die Beobachtungsreihe zu kurz ist, um schon die 5 tägigen
Mittel genau zu geben, führe ich dieselben doch zunächst auf, um
den Gang der Wärme ausführlicher zu zeigen. Darauf folgen die
extremen Temperaturwerthe in den einzelnen Monaten, sodann die
Mittelwerthe der Monats- und Jahrestemperaturen nebst den
Abweichungen von den Mittelwerthen. Endlich eine kleine Tafel
über die Temperatur des Wassers in einem Brunnen, welche ein
Jahr lang gemessen worden ist.

II. Fünftägige Mittelwerthe der Lufttemperatur °R zu Sta. Ana (Manila) für die Zeit vom 1. April 1859 bis 2. October 1862.

	1859	1860	1861	1862	Mittel.	Grösste Abweichung vom Mittel.
1–5 Jan.	—	18.81	19.30	19.32	19.14	-0.33
6–10	—	18.59	19.97	18.85	19.14	-0.83
11–15	—	19.14	19.27	19.13	19.18	+0.09
16–20	—	19.56	18.94	19.11	19.17	+0.39
21–25	—	19.53	19.36	19.08	19.32	-0.24
26–30	—	19.89	19.55	19.49	19.64	+0.25
31–4 Febr.	—	19.30	20.16	19.91	19.79	-0.49

134

5–9	—	19.20	20.94	20.52	20.22	-1.02
10–14	—	20.36	20.76	19.56	20.23	-0.67
15–19	—	20.08	20.42	18.93	19.81	-0.88
20–24	—	20.47	19.60	18.85	19.64	-0.83
25–1 März	—	20.77	19.29	20.48	20.18	-0.89
2–6	—	20.54	20.95	20.41	20.63	+0.32
7–11	—	20.50	20.88	20.27	20.55	+0.33
12–16	—	20.60	19.64	20.21	20.15	-0.51
17–21	—	19.80	21.22	20.15	20.39	+0.83
22–26	—	20.70	21.51	20.58	20.93	+0.58
27–31	—	21.33	21.85	21.02	21.40	+0.45
1–5 April	19.11!	21.46	21.70	21.53	20.95	-1.84!
6–10	21.28	21.10	22.29	21.98	21.66	+0.63
11–15	20.43	22.32	22.61	22.00	21.96	-1.03
16–20	20.48	21.43	22.54	22.40	21.71	-1.23
21–25	22.39	21.63	21.69	22.13	21.96	+0.43
26–30	20.74	21.44	22.99	21.97	21.79	+1.20
1–5 Mai	22.40	21.67	—	22.09	22.05	-0.38
6–10	22.33	22.57	—	22.23	22.38	+0.19
11–15	22.25	22.33	—	22.69	22.42	+0.27
16–20	22.60	22.40	—	23.31	22.77	+0.45
21–25	23.23	21.80	—	23.28	22.77	-0.97
26–30	22.51	21.60	—	22.85	22.32	-0.72
31–4 Juni	22.82	22.07	—	22.98	22.62	-0.55
5–9	21.97	22.23	—	22.98	22.39	+0.59
10–14	22.62	21.70	21.52	22.11	21.99	+0.63
15–19	21.84	22.16	22.14	21.81	21.99	-0.18
20–24	22.41	21.32	21.64	22.25	21.91	-0.59
25–29	22.23	21.00	20.69	22.24	21.54	-0.85
30–4 Juli	22.07	22.10	21.93	21.94	22.01	+0.09
5–9	22.58	21.38	21.86	20.88	21.68	+0.90
10–14	21.58	21.48	22.19	21.23	21.62	+0.57
15–19	21.56	20.95	21.01	21.07	21.15	+0.41
20–24	20.94	21.03	21.33	21.28	21.15	-0.21
25–29	21.04	20.89	21.27	22.43	21.41	-0.52
30–3 Aug.	20.72	21.03	21.32	22.38	21.34	+1.06
4–8	21.69	21.69	21.55	21.51	21.61	+0.08

9–13	20.96	21.57	22.03	21.91	21.62	+0.41
14–18	21.43	21.88	20.88	20.34	21.13	-0.79
19–23	21.36	21.89	21.77	21.47	21.62	-0.26
24–28	21.45	22.19	20.33	21.69	21.42	-1.09
29–2 Sept.	20.73	21.81	20.54	22.25	21.33	+0.92
3–7	21.26	21.77	20.55	21.55	21.28	-0.73
8–12	21.38	21.93	21.55	21.35	21.55	+0.38
13–17 Sept.	21.31	21.77	20.80	21.04	21.23	-0.43
18–22	21.36	20.50	21.60	21.19	21.18	-0.68
23–27	20.80	20.57	20.98	20.72	20.77	+0.21
28–2 Oct.	21.07	20.43	20.69	20.61	20.70	+0.37
3–7	20.63	21.19	20.75	—	20.86	+0.33
8–12	20.26	20.93	21.46	—	20.88	-0.62
13–17	19.49	21.16	20.41	—	20.35	-0.86
18–22	20.35	21.77	20.58	—	20.90	+0.87
23–27	20.89	21.35	20.37	—	20.87	+0.48
28–1 Nov.	21.06	21.49	20.35	—	20.97	-0.62
2–6	20.81	20.61	20.80	—	20.74	-0.13
7–11	20.08	20.49	20.89	—	20.49	+0.40
12–16	20.29	19.88	20.11	—	20.09	-0.21
17–21	20.25	19.70	20.07	—	20.01	-0.31
22–26	20.26	20.46	19.51	—	20.08	-0.57
27–1 Dec.	20.29	19.19	18.87	—	19.45	+0.84
2–6	19.69	19.53	18.72	—	19.31	-0.59
7–11	19.95	21.02	19.25	—	20.07	+0.95
12–16	19.86	19.95	19.84	—	19.88	+0.07
17–21	18.15	19.13	19.85	—	19.04	-0.89
22–26	19.49	19.19	19.48	—	19.39	-0.20
27–31	19.72	19.10	19.13	—	19.32	+0.40

Die grössten Abweichungen der 5 tägigen Mittel in den einzelnen Jahren gegen den Durchschnittswerth betragen hiernach etwa 1°; nur die Pentade 1–5 April macht eine Ausnahme, indessen ist der niedrige Werth unsicher, weil in den Originalbeobachtungen ein Tag fehlt.

Die auf Sta. Ana als Normalort zu reducirenden einzelnen Beobachtungen werden daher mit einer Unsicherheit von etwa 1° R.

behaftet sein.

Der Gang der Temperatur ist bemerkenswerth besonders durch die frühe Entwickelung des Wärmemaximums in der Zeit vom 16. bis 25. Mai. Das Jahresminimum fällt in die erste Hälfte des Januar und ein zweites kurz andauerndes Minimum in den December. Es ist zu bedauern, dass gerade für die Feststellung der Extreme die Sicherheit wegen des Fehlens eines der vier Beobachtungsjahre vermindert ist.

III. Mittlere Monatstemperaturen und Extreme der Monatstemperaturen zu Sta. Ana vom April 1859 bis September 1862.

	1859	1860	1861	1861	Durchschnitt.	Abweichung.
Januar.						
Monatsmittel	—	19.25	19.45	19.19	19.30	+0.15
Maximum	—	23.1	24.4	24.0	23.8	-0.7
Minimum	—	14.6	14.0	14.3	14.3	+0.3
Differenz	—	8.5	10.4	9.7	9.5	-1.0
Februar.						
Monatsmittel	—	20.06	20.18	19.60	19.95	-0.35
Maximum	—	24.6	25.2	24.1	24.6	+0.6
Minimum	—	15.6	14.3	13.7	14.5	+1.1
Differenz	—	9.0	10.9	10.4	10.1	+0.8
März.						
Monatsmittel	—	20.58	20.97	20.46	20.67	+0.30
Maximum	—	26.1	26.3	24.7	25.7	-1.0
Minimum	—	13.9	14.3	15.5	14.6	+0.9
Differenz	—	12.2	12.0	9.2	11.1	-1.9
April.						
Monatsmittel	20.82	21.56	22.22	22.00	21.65	-0.83
Maximum	28.0	26.8	26.7	26.2	26.9	+1.1
Minimum	15.0	17.2	17.4	16.9	16.3	-1.3
Differenz	13.0	9.6	9.3	9.3	10.3	+2.7
Mai.						
Monatsmittel	22.50	22.05	—	22.75	22.43	+0.32
Maximum	27.5	27.9	—	27.6	27.7	+0.2

Minimum	19.0	16.5	—	17.0	17.5	1.5
Differenz	8.5	11.4	—	10.6	10.2	-1.7

Juni.

Monatsmittel	22.36	21.74	21.46	22.35	21.98	-0.52
Maximum	27.5	26.8	26.4	27.3	27.0	-0.6
Minimum	19.1	17.9	17.8	18.2	18.3	+0.8
Differenz	8.4	8.9	8.6	9.1	8.7	+0.4

Juli.

Monatsmittel	21.52	21.27	21.59	21.51	21.47	-0.20
Maximum	26.6	25.9	25.7	25.4	25.9	+0.7
Minimum	17.8	17.1	17.8	18.4	17.8	-0.7
Differenz	8.8	8.8	7.9	7.0	8.1	-1.1

August.

Monatsmittel	21.51	21.82	21.18	21.49	21.50	0.32
Maximum	27.0	25.6	25.7	24.8	25.8	+1.2
Minimum	17.2	18.3	17.9	18.3	17.9	-0.7
Differenz	9.8	7.3	7.8	6.5	7.9	1.4

Septbr.

Monatsmittel	21.20	21.21	21.05	21.27	21.18	-0.13
Maximum	25.0	25.0	24.6	24.9	24.9	-0.3
Minimum	18.0	17.8	17.6	17.9	17.8	0.2
Differenz	7.0	7.2	7.0	7.0	7.1	0.1

October.

Monatsmittel	20.44	21.26	20.67	—	20.79	+0.47
Maximum	24.0	24.6	24.3	—	24.3	0.3
Minimum	18.0	15.6	16.7	—	16.8	1.2
Differenz	6.0	9.0	7.6	—	7.5	1.5

Novbr.

Monatsmittel	20.39	20.16	20.10	—	20.22	+0.17
Maximum	24.1	23.7	24.3	—	24.0	0.3
Minimum	17.7	12.9	14.2	—	14.9	+2.8
Differenz	6.4	10.8	10.1	—	9.1	-2.9

Decbr.

Monatsmittel	19.47	19.63	19.35	—	19.48	+0.15
Maximum	23.4	23.7	24.2	—	23.8	0.4
Minimum	14.7	12.3	14.4	—	13.8	-1.5
Differenz	8.7	11.4	9.8	—	10.0	+1.4

Die Werthe aus dieser Tafel anders geordnet, um die Uebersicht der Schwankungen der einzelnen Jahre und die Jahresmittel zu gewinnen, ergeben die folgende Tabelle:

IV.

	1859	1860	1861	1863	Monats-Mittel	Grösste Abweichung.	Mittleres Maximum.
Januar	(19.30)	19.25	19.45	19.19	19.30	0.15	23.8
Februar	(19.95)	20.06	20.18	19.60	19.95	0.35	24.6
März	(20.67)	20.58	20.97	20.46	20.67	0.30	25.7
April	20.82	21.56	22.22	22.00	21.65	0.83	26.9
Mai	22.50	22.05	(22.43)	22.75	22.43	0.32	27.7
Juni	22.36	21.74	21.46	22.35	21.98	0.38	27.0
Juli	21.52	21.27	21.59	21.51	21.47	0.20	25.9
August	21.51	21.82	21.18	21.49	21.50	0.32	25.8
September	21.20	21.21	21.05	21.27	21.18	0.13	24.9
October	20.44	21.26	20.67	(20.79)	20.79	0.47	24.3
November	20.39	20.16	20.10	(20.22)	20.22	0.17	24.0
December	19.47	19.63	19.35	(19.48)	19.48	0.15	23.8
Jahr	20.844	20.882	20.887	20.926	20.885	0.041	25.37
Grösste Differenz im Jahre	3.20	2.80	3.08	3.56	3.13		

V. Mittlere Temperatur des Brunnenwassers verglichen mit der der Luft.

	1861		1862		Mittel.	
	Brunnen	Luft	Brunnen	Luft	Brunnen	Luft
Januar	—	—	20.0	19.19	20.0	19.19
Februar	—	—	20.0	19.60	20.0	19.60
März	—	—	20.4	20.46	20.4	20.46
April	21.2	22.22	20.9	22.00	21.05	22.11
Mai	—	—	21.2	22.75	21.2	22.75
Juni	—	—	21.2	22.35	21.2	22.35
Juli	21.6	21.59	21.3	21.51	21.45	21.55
August	21.6	21.18	21.5	21.49	21.55	21.34

September	21.2 21.05	21.2 21.27	21.2 21.12
October	21.1 20.67	— —	21.1 20.67
November	20.8 20.10	— —	20.8 20.10
December	20.5 19.35	— —	20.5 19.35
Jahr			20.87 20.88

Die Monatstemperaturen wird man, wie aus obigen Tafeln hervorgeht, durch die vorliegenden Beobachtungen bis auf eine Fehlergrenze von etwa 0°,3 R. sicher bestimmt halten dürfen. Nur der Aprilmonat macht eine Ausnahme, indem hier die Sicherheit bis auf 0°,83 vermindert ist, eine zweite etwas stärkere als die mittlere Schwankung tritt im October mit 0°,47 ein. Ohne Zweifel hängt dies mit dem in den genannten Monaten eintretenden, sich aber in den verschiedenen Jahren etwas verschiebenden Umsetzen der Hauptwindrichtung zusammen, indem im April der Uebergang aus dem NO. des Winters in den SW. des Sommers liegt und im October der N. wieder einfällt.

Der wärmste Monat (Mai) und der kälteste (Januar) weichen nur 3°,13 durchschnittlich von einander ab und diese Differenz schwankt in den einzelnen Jahren um keinen halben Grad.

Das absolute Maximum (28°) fällt zwar einmal in den April, sonst liegt aber mit grosser Regelmässigkeit das Maximum der Wärme im Mai mit durchschnittlich 27°7. Das absolute Minimum sowohl wie der durchschnittlich kleinste Werth der Minima fällt in den December, dessen kürzere Kälteperiode also intensiver ist als die längere des Januar.

Das Jahresmittel zeigt sich sowohl in den einzelnen Jahren so übereinstimmend als auch durch die Vergleichung der Luft- und Wassertemperatur so gleichmässig festgestellt, dass dasselbe als völlig genau mit 20°,88 bestimmt anzusehen ist.

B. Luftdruck.

Barometerbeobachtungen liegen allerdings wie Tab. I zeigt nur vor einem Jahresumfang vor; indessen werden dieselben auch als ziemlich gute Mittelwerthe anzusehen sein, da die Schwankungen des Luftdrucks überhaupt nicht bedeutend sind.

Die folgende Tafel wiederholt die Werthe aus Tab. I unter Hinzufügung des Werthes der extremsten Schwankungen im Laufe des Monats und des Tages.

VI. Luftdruck zu Sta. Ana. paris. ''''

	Barometer-Mittel	Grösste Monatsschwankung	Grösste Tagesschwankung	Druck der M trocknen Luft
Januar	337.76	3.11	1.59	330.49
Februar	7.55	2.82	1.99	29.69
März	7.80	3.01	1.06	30.38
April	7.29	2.18	1.59	29.75
Mai	7.11	3.59	1.86	28.47
Juni	6.93	2.84	1.86	27.43
Juli	6.93	3.95	1.33	27.20
August	6.95	4.16	1.55	27.24

141

September	7.32	3.50	1.33	27.63
October	5.96	4.74	1.51	26.66
November	6.86	1.95	1.24	28.69
December	7.68	3.55	1.46	30.20
Jahr	337.18			328.65
Winter	7.66			30.13
Frühling	7.40			29.53
Sommer	6.94			27.29
Herbst	6.71			27.66

Der Gang des Luftdruckes bezeichnet sichtlich die beiden Hauptwindrichtungen des Jahres, selbst das Barometer lässt dies erkennen, auch ohne Rücksicht auf die durch die Dunstspannung bewirkte theilweise Ausgleichung. Schärfer wird dies in dem Gange des Druckes der trocknen Luft ausgedrückt. Den vollen Gegensatz erhält man erst, indem man die Monate mit überwiegend herrschendem NO. im Uebergang von November bis April dann mit herrschenden SW. (im Uebergang) von Mai bis October zusammenfasst, dann sind vom Nov. an die aufeinander folgenden Mittelwerthe des Drucks der trocknen Luft: 329.79; 329.94; 327.70; 327.18.

Die grosse Gleichmässigkeit des Klimas ist in den geringfügigen Schwankungen des Luftdrucks ausgesprochen.

C. Luftfeuchtigkeit und Hydrometeore.

Die Mittelwerthe für die Dunstspannung und relative Feuchtigkeit und die Summen des Niederschlags sind bereits in Tab. I enthalten. Zur Uebersichtlichkeit der Durchschnittswerthe sind die folgenden Tabellen dienend, in denen die Extreme hinzugefügt sind und zugleich die mit den Hydrometeoren unmittelbar zusammenhängenden Erscheinungen aufgeführt werden.

VII. Luftfeuchtigkeit und Hydrometeore in den Jahren 1869–62 zu Sta. Ana für die einzelnen Monate zusammengestellt.

	Dunstspannung.				Relative Feuchtigkeit.				Niederschlag	A
	Mittel	Max	Min	Diff	Mittel	Max	Min	Diff	''' paris.	Nebe
Januar										
1859	—	—	—	—	—	—	—	—	—	–
1860	7.72	9.59	5.93	3.66	78.7	93	50	43	12.486	:
1861	7.99	9.50	6.34	3.16	79.2	96	49	47	22.980	:
1862	7.27	9.06	5.87	3.19	74.9	96	40	56	6.912	
Durchschn.	7.66	9.38	6.05	3.33	77.6	95	46	49	14.126	2.:
Februar										
1859	—	—	—	—	—	—	—	—	—	:

1860	8.21	9.96	6.56	3.40	75.7	94	58	36	29.652	:
1861	7.87	9.39	5.99	3.40	75.5	94	30	64	12.552	(
1862	7.86	9.36	5.54	3.82	78.7	98	51	47	56.232	
Durchschn.	7.98	9.57	6.03	3.54	76.6	95	46	49	32.812	2.:
März										
1859	—	—	—	—	—	—	—	—	—	
1860	7.82	9.84	6.01	3.83	72.4	90	28	62	9.488	:
1861	7.98	9.69	5.98	3.71	71.8	97	39	58	9.288	:
1862	7.42	9.53	6.28	3.25	73.1	93	42	51	3.156	(
Durchschn.	7.71	9.69	6.09	3.06	72.4	93	36	57	7.311	4..
April										
1859	—	—	—	—	—	—	—	—	—	(
1860	8.24	10.15	6.64	3.51	72.6	97	49	48	38.604	:
1861	8.81	10.47	7.23	3.24	72.5	95	47	48	26.268	
1862	7.95	9.95	6.62	3.33	67.0	97	37	60	0.456	(
Durchschn.	8.33	10.19	6.83	3.36	70.7	96	44	52	21.776	0.:
Mai										
1859	—	—	—	—	—	—	—	—	—	(
1860	8.71	10.88	6.19	4.69	73.2	96	36	60	68.472	(
1861	—	—	—	—	—	—	—	—	43.974	—
1862	8.64	10.57	5.83	4.74	69.1	99	31	68	19.476	(
Durchschn.	8.68	10.73	6.01	4.72	71.2	98	34	64	43.974	(
Juni										
1859	9.32	10.25	8.57	1.68	76.0	98	54	44	—	(
1860	9.42	11.10	7.13	3.97	80.8	95	37	58	156.192	
1861	9.15	10.47	8.36	2.11	80.3	92	50	42	66.192	(
1862	9.50	10.91	8.29	2.62	77.1	95	45	50	91.908	
Durchschn.	9.35	10.68	8.09	2.59	78.6	95	47	48	104.764	0..
Juli										
1859	9.48	10.41	8.64	1.77	82.6	97	54	43	263.923	
1860	9.43	10.93	7.74	3.19	83.5	99	56	43	97.176	(
1861	9.36	10.86	8.11	2.75	81.2	96	52	44	66.528	(
1862	9.73	10.69	8.79	1.90	84.2	95	61	34	158.436	(
Durchschn.	9.50	10.72	8.32	2.40	82.9	97	56	41	146.516	0.:
August										
1859	9.48	10.65	8.35	2.30	83.8	96	63	33	175.086	:
1860	9.75	10.82	8.76	2.06	82.8	95	63	32	96.492	(

1861	9.52	10.55	8.36	2.19	84.2	99	60	39	457.788	(
1862	9.71	10.90	8.22	2.68	84.1	97	66	31	234.084	(
Durchschn.	9.62	10.73	8.42	2.31	83.7	97	63	34	240.863	0..

September

1859	9.64	10.64	8.37	2.27	85.1	94	63	31	125.621	(
1860	9.58	10.90	7.61	3.29	83.5	95	54	41	257.136	(
1861	9.75	10.96	8.79	2.18	87.1	99	65	34	198.516	(
1862	9.69	10.66	8.88	1.78	85.8	97	58	39	153.288	
Durchschn.	9.67	10.79	8.41	2.38	85.4	96	60	36	183.640	0..

October

1859	9.42	10.64	8.35	2.29	87.6	96	61	35	220.575	
1860	9.37	10.89	7.94	2.95	83.9	96	59	37	49.128	
1861	9.30	10.47	7.90	2.57	85.2	99	54	45	80.100	
1862	—	—	—	—	—	—	—	—	—	—
Durchschn.	9.36	10.67	8.06	2.61	85.6	97	58	39	116.601	1..

November

1859	9.03	10.53	6.78	3.75	83.7	98	49	49	80.674	(
1860	8.27	9.93	6.11	3.82	79.5	93	42	51	18.408	
1861	8.17	10.42	6.29	4.13	78.7	96	50	46	7.500	(
1862	—	—	—	—	—	—	—	—	—	—
Durchschn.	8.49	10.29	6.39	3.90	80.6	96	47	49	35.527	0.

December

1859	8.26	9.71	6.08	3.63	81.9	94	59	35	50.837	
1860	7.82	9.56	5.98	3.58	78.1	94	48	46	19.812	.
1861	7.48	9.92	5.81	4.11	76.7	96	43	53	9.408	
1862	—	—	—	—	—	—	—	—	—	—
Durchschn.	7.85	9.73	5.96	3.77	78.9	95	50	45	26.686	2.

Für die Durchschnittwerthe der ganzen Beobachtungsreihe ergiebt sich hieraus die folgende Uebersicht:

VIII. Mittelwerthe der Luftfeuchtigkeit, des Niederschlages, der Regen- und Gewittertage zu Sta. Ana.

Dunstspannung. Relative Feuchtigkeit. Niederschlag

Mittel Max Min Diff Mittel Max Min Diff *"'paris.* Net

145

Januar	7.66	9.38	6.05	3.33	77.6	95	46	49	14.126	2
Februar	7.98	9.57	6.03	3.54	76.6	95	46	49	32.812	2
März	7.71	9.69	6.09	3.60	72.4	93	36	57	7.311	4
April	8.33	10.19	6.83	3.36	70.7	96	44	52	21.776	(
Mai	8.68	10.73	6.01	4.72	71.2	98	34	64	43.974	
Juni	9.35	10.68	8.09	2.59	78.6	95	47	48	104.764	(
Juli	9.50	10.72	8.32	2.40	82.9	97	56	41	146.516	(
August	9.62	10.73	8.42	2.31	83.7	97	63	34	240.863	(
September	9.67	10.79	8.41	2.38	85.4	96	60	36	183.640	(
October	9.36	10.67	8.06	2.61	85.6	97	58	39	116.601	1
November	8.49	10.29	6.39	3.90	80.6	96	47	49	35.527	(
December	7.85	9.73	5.96	3.77	78.9	95	50	45	26.686	2
Jahr	8.68				78.7	summa	=		974.596	
									8″216	
Winter	7.83				77.7				73‴.624	
Frühling	8.24				71.4				73.051	5
Sommer	9.49				81.7				492.143	1
Herbst	9.17				83.9				334.768	2

Zur Charakteristik des Klima's sind die vorstehenden Tafeln sehr
bezeichnend. Die hohe Dunstspannung ist wegen der
Gleichmässigkeit der Temperatur keinen bedeutenden
Schwankungen im Jahre unterworfen. Die Jahreszeit der höchsten
Dunstspannung ist der Sommer, aber das absolute Maximum fällt
noch für ein Jahr in den September, wie überhaupt der Herbst dem
Sommer in der Grösse der Dunstspannung zunächst. Wieder
müsste man, um die Extreme der Jahreszeiten vollständig zu zeigen,
im Zusammenhang mit den Windrichtungen die Zeiten Mai bis
October und November bis April einander gegenüber stellen (9‴,36 :
8‴,00).

Wie nahe die Luft das ganze Jahr hindurch dem Sättigungspunkte
kommt, ergibt sich aus der Tabelle, in welcher das Maximum der
relativen Feuchtigkeit in jedem Monate zwischen 90 und 100%
erreicht. Der Niederschlag, der zwar in keinem Monate ganz fehlt,
zeigt doch in dem einen halben Jahre die herrschende SW.-
Strömung der Luft, in den massenhaften Niederschlägen und den
damit verbundenen elektrischen Erscheinungen an. Im Mai, in dem
schon der SW. herrscht, sind die Niederschläge noch nicht gross,

weil in diesem Monat das Maximum der Temperatur liegt und daher die Dampfcapacität noch wächst. Den stärksten Niederschlag liefert der August, den schwächsten der März. Sehr schön ist das allmälige Nähern des SW. und dann wieder das Einfallen des NO. durch die elektrischen Erscheinungen ausgesprochen. Zuerst nur Wetterleuchten; dies nimmt zu, entfernte Gewitter treten ein, die immer näher rücken, bis sie an den Beobachtungsort rücken und ihr Maximum im September erreichen. Der im October eindringende Nordstrom vermindert plötzlich die elektrischen Phänomene.

D. Wind (Richtung, Stärke, Häufigkeit), Himmelsansicht.

Ein besonders interessantes Element der vorliegenden Beobachtungen bilden die Winde, nicht allein, weil sie, worauf schon in den vorhergehenden Bemerkungen einige Male hingewiesen wurde, die klimatischen Eigenthümlichkeiten Manila's erklären, sondern besonders desswegen, weil die Philippinen auf einem Grenzgebiete liegen und die Frage ist, ob sie immer in das Gebiet der SW.- und NO.-Monsune fallen oder zuweilen im Winter mehr oder weniger andauernd in einem nördlichen Polarstrome liegen, der sich unmittelbar dem NO.-Passat des stillen Oceans anschliesst. Die Windrichtungen auf den Philippinen müssen sich im Laufe des Jahres nach der veränderten Lage der Kalmenzone verändern und diese Veränderung der Lage der Kalmen von ihrer südlichsten Lage im Winter innerhalb Neuholland bis zu ihrer nördlichsten etwa mit dem Wüstengürtel Asiens zusammenfallenden, scheint in den verschiedenen Jahren in ungleicher Weise vor sich zu gehen.

So regelmässig nämlich im Durchschnitt aller vorliegenden Beobachtungsjahre sich die Windrichtung auf den Philippinen in der einen Hälfte des Jahres als NO., in der andern als SW. also als Monsun ergibt, so abweichend gestalten sich die Bewegungen doch in einzelnen Monaten der verschiedenen Jahre, weisen also auf Störungen hin, welche in der beeinflussenden Ursache der Winde auf den Philippinen, in der Lage der Kalmen und der Richtung der Passate temporär eintreten.

Ich stelle in den folgenden Tafeln die notirten Winde und Windstillen sowie die hiernach berechneten Windrichtungen zusammen und füge die Notizen über die Himmelsansicht hinzu.

IX. Wind und Himmelsansicht zu Sta. Ana 1859–62.

	Mittlere Windrichtung	Wind überhaupt	Windstille	Tage m. Himmelsansicht		
				ganz bedeckt	theilweis bewölkt	völlig heiter
Januar						
1859	—	—	—	—	—	—
1860	N 39°57'O	31	62	2	29	0
1861	N 39 28 O	35	58	1	30	0
1862	N 25 34 O	26	67	0	31	0
Mittel	N 36 51 O	31	62	1	30	0
Februar						
1859	N 7 8 O	9	75	0	28	0
1860	S 45 0 w	27	60	1	27	1
1861	N 57 26 O	30	54	1	27	0
1862	N 39 47 w	26	58	4	24	0
Mittel	N 3 17 O	23	61	1.5	26.5	0.3
März						
1859	N 0 0 O	13	80	0	31	0
1860	N 45 0 O	30	63	0	31	0
1861	S 83 13 O	28	65	1	30	0
1862	N 90 0 O	26	67	0	31	0
Mittel	N 38 25 O	24	69	0.3	30.7	0
April						
1859	S 77 34 O	21	69	0	30	0
1860	N 46 58 O	25	65	0	30	0
1861	S 48 50 O	35	55	0	30	0
1862	S 45 0 O	24	66	0	30	0

Mittel	S 74 51 O	26	64	0	30	0

Mai

1859	N 45 0 W	19	74	3	28	0
1860	S 72 52 O	42	51	3	29	0
1861	—	—	—	—	—	—
1862	S 9 10 W	33	60	0	31	0
Mittel	S 22 54 W	31	62	2.0	29.0	0

Juni

1859	N 76 25 W	14	76	2	28	0
1860	N 33 2 W	40	50	4	26	0
1861	N 33 29 O	24	66	7	23	0
1862	N 40 29 W	29	61	1	29	0
Mittel	N 37 46 W	27	63	3.5	26.5	0

Juli

1859	S 52 44 W	17	76	9	22	0
1860	S 22 44 O	33	60	3	28	0
1861	S 18 14 O	27	66	1	30	0
1862	S 45 0 O	18	75	8	23	0
Mittel	S 35 23 O	24	69	5.3	25.7	0

August

1859	S 66°55′W	32	61	4	27	0
1860	S 45 0 W	37	56	7	24	0
1861	S 43 52 W	36	57	7	24	0
1862	S 46 6 W	37	56	9	22	0
Mittel	S 49 0 W	36	57	6.7	24.3	0

September

1859	S 7 53 W	31	59	2	28	0
1860	S 42 14 W	22	68	5	25	0
1861	S 45 0 W	25	65	5	25	0
1862	S 50 36 W	15	75	4	26	0
Mittel	S 37 46 W	23	67	4	26	0

October

1859	N 83 59 O	36	57	6	25	0

1860	S 69 53 O	23	70	0	31	0
1861	N 53 52 O	32	61	5	26	0
1862	—	—	—	—	—	—
Mittel	N 89 10 O	30	63	3.7	27.3	0
November						
1859	S 54 4 W	26	64	2	28	0
1860	N 71 15 O	31	59	0	30	0
1861	N 5 31 W	26	64	0	30	0
1862	—	—	—	—	—	—
Mittel	N 12 22 O	28	62	0.7	29.3	0
December						
1859	N 45 0 O	23	70	3	28	0
1860	N 45 0 O	19	74	5	26	0
1861	N 61 1 O	22	71	0	31	0
1862	—	—	—	—	—	—
Mittel	N 45 38 O	21	72	2.7	28.3	0

X. Durchschnittliche Windesrichtung und Himmelsansicht im Verlaufe des Jahres zu Sta. Ana.

	Zahl der Winde in Procenten.								Windrichtung Win	
	N	O	S	W	NO	SO	NW	SW		
Januar	3.8	11.5	2.1	1.0	51.2	0	11.5	18.8	N 36° 51′ O	3
Februar	22.2	8.9	0	6.6	29.1	1.9	11.5	19.7	3 17	2
März	25.0	8.5	0	4.8	38.6	12.9	3.9	6.3	38 25	2
April	1.4	24.2	0	3.9	23.4	42.9	0	4.2	S 74 51 O	2
Mai	0	13.7	0	1.8	7.9	20.2	26.3	30.1	S 22 54 W	3
Juni	0	5.2	0	3.9	0	20.4	14.3	56.2	37 46	2
Juli	0	5.0	0.7	6.7	3.9	12.4	0	71.2	35 23	2
August	0	0	0.7	8.5	3.1	0	0.8	86.9	49 0	3
September	0	0	17.8	3.3	1.6	1.1	0	76.2	37 46	2
October	0	30.9	0	1.9	28.7	9.8	5.9	23.2	N 87 50 O	3
November	0	11.8	0	2.5	39.4	0	17.9	28.3	12 22	2

December	0	6.1	0	0	77.4	4.5	1.5	10.5	45 38	2
Jahr	4.37	10.48	1.78	3.74	25.36	10.50	7.80	35.97	S 10 53 O	32
Winter	8.67	8.83	0.70	2.53	52.57	2.13	8.17	16.33	N 35 21 O	7
Frühling	8.33	15.47	0	3.50	23.30	25.30	10.07	13.53	79 32	8
Sommer	0	3.40	0.47	6.27	2.33	10.93	5.03	71.43	S 41 11 W	8
Herbst	0	10.30	5.93	2.57	23.33	3.97	7.93	42.57	16 7	8

XI. Durchschnittliche Windrichtungen in den Quartalen der einzelnen Jahre und im Mittelwerthe aller Jahre.

	1859	1860	1861	1862	Mittel.
Winter	(N 37 55 O)	N 48 26 O	N 48 16 O	N 22 57 O	N 35 21 O
Frühling	N 34 44 O	N 56 22 O	S 53 31 O	S 24 13 O	N 79 32 O
Sommer	S 71 2 W	S 34 53 W	S 22 27 W	S 44 13 W	S 41 11 W
Herbst	S 2 4 O	S 44 55 O	N 63 13 W	S 29 58 W	S 16 7 W
Jahr	S 77 34 W	S 38 16 O	S 27 28 O	S 23 48 W	S 10 53 O

Zunächst zeigt nun die Tafel XI, dass nur der Winter in allen Jahren regelmässig NO., der Sommer regelmässig SW. hat, dagegen im Frühling und Herbst Abweichungen in den verschiedenen Jahren eintreten, wenn auch der Durchschnittswerth für jenen wieder auf NO., für diesen auf SW. führt.

Es deutet dies auf eine in den verschiedenen Jahren sehr ungleiche Einwirkung der continentalen Masse Asiens nach der Zeit der Sonnenwenden, die sich, wie Tab. IX zeigt, zunächst im April geltend macht, welcher fast regelmässig SO. bringt, dann aber in ungleicher Weise im Mai hervortritt. Die Monate October bis März entsprechen, obwohl SO.-, SW.- und NW.-Winde in ihnen nicht fehlen, wie Tab. X zeigt, doch sehr vollständig in allen Jahren dem Verhalten der Windbewegungen in der innern Region der Monsuns. Der April macht eine völlig regelmässige Ausnahme von dem SW.-Monsun der innern Region durch seine sehr constanten O.-, SO.- und NO.-Winde. Im Mai ist die Windrichtung am unregelmässigsten.

In der Intensität, soweit sich diese in dem Verhältniss der Zahl der Winde zur Zahl der Windstillen (bei den täglich 3 Mal angestellten Beobachtungen) ausspricht, zeigen die Monate keine erheblichen

Verschiedenheiten, December ist der stillste, August der bewegteste Monat. In den August und den Juli fallen die beiden einzigen Stürme (1859), die innerhalb der fast vierjährigen Beobachtungsreihe notirt sind.

Charakteristisch für das Klima ist die das ganze Jahr hindurch stattfindende theilweise Bewölkung des Himmels. Nur ein einziger wolkenfreier Tag (im Februar 1860) ist notirt. Dagegen ist freilich auch die Zahl der Tage mit völlig bedecktem Himmel nicht gross, zumal wenn man die Häufigkeit und Heftigkeit der Sommer- und Herbst-Regen berücksichtigt. Wird völlig heiterer Himmel mit der Zahl 4, völlig bedeckter mit 0 bezeichnet, ¾ bewölkt mit 1, ½ bewölkt mit 2, ¼ bewölkt mit 3, so scheint nach den Notirungen die durchschnittliche Himmelsansicht mehr als zur Hälfte bewölkt zu sein.

Die von andern Punkten in der Nähe Manila's vorliegenden kürzern Beobachtungen ergeben kein wesentlich verschiedenes Resultat von denen zu Sta. Ana angestellten, wesshalb ich dieselben nicht mittheile. Zwei und ein halber Monat (Januar—15. März 1863) zu St. Miguel zeigen zwar eine etwas höhere Temperatur, die aber kaum über die in einzelnen Jahren auch zu Sta. Ana vorkommenden Abweichungen vom Mittelwerthe hinausgehen. Dieser Punkt auf Luzon wird daher etwa die klimatischen Verhältnisse mit Sta. Ana gemein haben.

Beobachtungen von der Insel Bohol zwischen Luzon und Mindanao vom October 1863 bis Februar 1865 führen zwar gleichfalls zu demselben Werthe der Jahreswärme (20.8) und der mittleren Dunstspannung (8.9) wie zu Sta. Ana. Die Vertheilung der Wärme im Jahre ist aber sehr abweichend, 1864 zeigt sich zu Bohol der Juni etwas wärmer als der Mai und der Februar als der kälteste Monat, ferner geht die NO.-Richtung des Windes bis in den Juni hinein. Da keine gleichzeitigen Beobachtungen von Sta. Ana vorhanden sind, so lässt sich nicht ermitteln, was aber nicht wahrscheinlich ist, ob dieselben Monatsabweichungen dort vorkamen. Ich lege daher die Berechnung der leider nicht vollständigen Beobachtungen von Bohol in der folgenden Tafel vor, aus denen wegen der so abweichenden Windrichtung und Wärmevertheilung man schliessen möchte, dass an Bohol die Region der NO.-Passate bis zum Juni heranreicht und dann erst der SW.-Musson sich weiter ostwärts verbreitend durchdringt.

153

XII. Beobachtungsresultate von Bohol.

	Temperatur.					Dunstspannung.	Relative Feuchtigkeit.
	Mittel.	Maximum.		Minimum.			
		Tag	t	Tag	t		
1863							
October	20.13	10	25.2	9	18.6	9.01	80.4
November 2–16	20.64	2	24.2	1	18.7	9.25	84.8
December 12–31	20.09	12	24.2	13	15.8	9.11	81.5
1864							
Januar	20.07	2	24.5	12	16.9	8.47	80.4
Februar	19.61	9	24.1	1	14.4	8.07	80.2
März	20.10	5	22.3	3	16.1	8.24	78.0
April	21.03	8	25.0	4	16.2	8.69	77.6
Mai	21.36	16	25.4	7	17.3	8.86	77.6
Juni	21.58	6	25.9	19	17.4	9.32	80.4
Juli	21.05	31	26.5	15	17.6	9.08	81.0
August	20.85	1	26.2	1	17.7	9.21	83.8
September	21.44	8	27.2	21	18.1	9.39	79.4
October	20.94	16	25.4	30	17.4	9.24	84.6
November	20.90	3	25.8	22	17.2	9.14	80.9
December (1–14)	20.70	3	23.2	28	15.8	9.08	84.3
Mittel	20.80		25.1		16.8	8.90	80.7
1865							
Januar		27	24.8	27	16.8		
Februar		1	23.5	27	15.7		

Von den sonst vorliegenden Beobachtungen, namentlich den zahlreichen Notizen auf Reisen nach verschiedenen Punkten Luzon's eignen sich keine, mit Ausnahme der zu Benguet angestellten, zur Bestimmung fester Werthe, wenn dieselben auch ihr Interesse im Zusammenhange mit andern naturhistorischen Beobachtungen haben. Dagegen ist die spanische Beobachtungsreihe zu Benguet, welche durch Notizen des Reisejournals des Hrn. Dr. S e m p e r fast auf ein volles Jahr ergänzt wird, um so mehr von Interesse, als hierdurch die

Temperatur eines nördlich und hoch gelegenen Punktes (nach dem Journal 3868′ über Meeresspiegel) mit ziemlicher Sicherheit festgestellt werden kann.

Die Benguetbeobachtungen umfassen mit Einschluss des Journals die Zeit vom Juli 1861 bis Mai 1862, sind also mit den gleichzeitigen von Sta. Ana zu vergleichen und nach den für diesen Ort mit grösserer Sicherheit bestimmten Mittelwerthen zu verbessern.

Die Beobachtungszeiten waren 7, 2, 9, gaben also im Verhältniss der 6, 2, 10 Beobachtungen zu hohe Werthe der Wärme. Die Grösse der bei den Temperaturen anzubringenden Correktion wird vermuthlich für die verschiedenen Monate etwas variiren. In Ermanglung eines bestimmten Anhaltes hierfür nehme ich indessen die Correktion an (-0,52), welche Dr. Semper aus einer einen Monat lang durchgeführten Reihe stündlicher Beobachtungen zu Sta. Ana (Juni 1859) evaluirt hat.

Es sind von Benguet nur die in der nachstehenden Tabelle aufgeführten Resultate der Temperaturbeobachtungen zu brauchen und die Mittelwerthe sind bereits mit der erwähnten Correktion zur Vergleichung mit Sta. Ana versehen.

	a Mitteltemperaturen zu Benguet.	b Gleichzeitige Mittelwerthe zu Sta. Ana.	b - a	Durchschnitts Werth zu Sta. Ana.	Corregir Werth v Bengue
1862					
Januar	13.09	19.19	6.10	19.30	13
Februar	13.87	19.60	5.73	19.95	14
März	14.12	20.46	6.34	20.67	14
April	15.17	22.00	6.83	21.65	14
Mai	14.98	22.75	7.77	22.43	14
Juni	—	—	(6.28)	21.98	(15.
1861					
Juli	14.80	21.59	6.79	21.47	14
August	14.90	21.18	6.28	21.50	15
Septbr.	14.94	20.05	6.11	21.18	15
October	15.50	20.67	5.17	20.79	15
Novbr.	14.70	20.10	6.40	20.22	13
Decbr.	13.76	19.35	5.59	19.48	13

20.885   14.6

Das Jahresmittel würde sich hiernach zu Benguet auf 14°,6 stellen
und dies einer Abnahme der Wärme um 1° auf je circa 600 Fuss
Erhebung über dem Meere entsprechen.

G. Karsten.

Anmerkung 2. Ich theile hier die Beobachtung der Regenmenge der einzelnen Monate mit, behufs der Vergleichung mit den übrigen Orten:

Januar 46,08; Februar 6,59; März 5,02; April 13,31; Mai 6,80; Juni 4,27; Juli 4,66; August 13,10; September 6,42; October 7,23; November 12,41; December 10,20 Zoll. Die Beobachtungen wurden mit einem meiner Regenmesser angestellt, welchen ich dem liebenswürdigen Priester gab. Hoffentlich wird ein günstiges Geschick ihn aus jener Waldeinsamkeit herausgerissen und in ein civilisirteres Leben zurückversetzt haben, wo ihn vielleicht der Ausdruck meines Dankes für die freundliche Unterstützung erreichen mag. Linao liegt nach meinen Sternbeobachtungen auf 8° 5′ N. Br. und nach Peilungen 5° 5′ östlich von Manila.

Anmerkung 3. Der Kanehl von Mindanao hat in den ersten Zeiten der Eroberung durch die Spanier eine ziemlich bedeutende Rolle gespielt. Wie ja überhaupt die ersten Expeditionen von Magellan an darauf ausgingen, die Gewürzinseln für die Krone Spanien zu erobern, und damit auch derselben den wichtigen Handel mit den Gewürzen als eine Quelle grosser Bereicherung zuzuführen, so zeigt sich auch noch in der Geschichte der Eroberung durch Legaspi, dass hier die Hoffnung auf gewinnbringenden Handel mit Gewürzen nicht aufgegeben war. Allerdings war die Expedition zunächst für den Zweck der Eroberung und Einführung des Christentums ausgerüstet. Aber wohin er auch im Laufe der Expedition kommt, so sucht er doch immer zugleich auch noch Kanehl für Rechnung des Königs. Nach Butuan wurden von ihm mehrfach Expeditionen ausgeschickt von Cebú aus, mit der ausgesprochenen Absicht, dort Kanehl zu laden. Matheo del Sanz wird von ihm (Gaspar de S. Agustin, Couquistas etc.p. 187–188) an die Westküste Mindanao's geschickt, ebenfalls um dort Kanehl zu holen; aber es kommt dabei fast zum Ausbruch einer Meuterei, da die Soldaten, gierig auf den leichten und sicheren

Gewinn, den Handel für sich haben wollen. Die Rebellion wird aber noch glücklich unterdrückt; und Juan de Morones bringt, nach Matheo del Sanz Tode, "cien quintales de canela", reichlich 9200 Pf. Kanehl nach Cebú. Am 1. Juni 1568 wurde die Nao Capitana nach Acapulco gesandt mit 400 Quintales Kanehl (beinahe 37,000 Pf.), von denen 150 dem Könige, die übrigen den Passagieren gehörten.

Anmerkung 4. Es sind Cagayan und Isabela fast die einzigen Provinzen, in welchen der Taback in so allgemeiner Weise und enormer Menge gebaut wird, dass dadurch den Bewohnern die Möglichkeit vollständig genommen wird, auch noch Reis, Baumwolle, Café, Zuckerrohr oder Abaca zu bauen. Wie der Handel mit dem Taback Monopol der Regierung ist, so hängt auch das Bauen des Taback's nicht von dem Willen des Einzelnen ab; vielmehr werden die Bewohner der sogenannten Tabacksdörfer— nicht alle Ortschaften werden in diese Kategorie gestellt— gezwungen, alljährlich eine bestimmte Anzahl Pflanzen per Kopf oder Tributo d. h. per Familie zu cultiviren. Je höher der Alcalde der Provinz das Minimum der zu bauenden Tabackspflanzen zu treiben versteht, um so mehr insinuirt er sich natürlich bei der Regierung, für welche der Verkauf des Tabacks fast die wichtigste Einnahmequelle ist. In allerneuester Zeit nun scheint, ich weiss nicht, ob in Folge einer solchen vom Alcalden geübten Beeinflussung, die Tabackserndte eine nie geahnte Höhe erreicht zu haben; denn es schrieb mir 1868 ein Freund aus Manila, dass "die diesjährige Erndte bei weitem die grösste aller Erndten überhaupt zu werden verspräche, so dass die Regierung im Stande sein würde, die Schuld für die Nichtbezahlung der Erndten von 1863 an—in Folge des Erdbebens—nun gänzlich abzutragen". Aus dem im Texte Gesagten wird ersichtlich sein, dass die Tabackspflanze sehr viel Sorgfalt und Pflege erfordert; und da sie dies gerade am Meisten in den ersten Monaten verlangt, wenn sie noch keine bedeutende Höhe erreicht hat, so ist klar, dass der Arbeiter dabei immer und ganze Tage lang in sehr tief gebeugter Stellung stehen muss. Der auch in den statistischen Zahlen sich aussprechende schlechte Gesundheitszustand wird in der Provinz allgemein auf diese gebückte Stellung bei der Arbeit, als auf die vornehmste Ursache, zurückgeführt, ganz besonders aber auch die zahlreichen Fehlgeburten oder Todtgeburten, wozu sonst die Bewohner der übrigen Provinzen gar keine Neigung zeigen. Selbst in ungesunden Provinzen ist die Zahl der Geburten doch eine ziemlich hohe, und es wird in diesen die rasche Vermehrung der Einwohnerzahl vielmehr durch leichtes Sterben der Kinder in den ersten Lebensjahren verhindert. Im Durchschnitt ist etwa die Bevölkerungszahl der tabackbauenden Dörfer 16,000 Familien (Tributos) mit 64,000 Einwohnern, so dass bei einer Durchschnittssumme von etwa 750,000 Gulden, welche den Bewohnern für den Taback von der Regierung in baarem Gelde ausbezahlt wurde (1854–59), etwa 11½ Gulden auf den Kopf oder 46 Gulden auf die Familie kommen.

A n m e r k u n g 5. Es liegt hierin und in dem etwas weiter oben angewandten Worte der Periodicität der Lebenserscheinungen nur scheinbar ein Widerspruch. Wohl hält jedes I n d i v i d u u m bestimmte Perioden seiner Lebenserscheinungen inne; aber doch bindet sich die Gesammtsumme aller Individuen nicht durchaus an dieselben Jahreszeiten, wenn nicht in den scharfen Gegensätzen des Klima's oder in direkt bestimmenden Einflüssen der Menschen— oder andrer Thier- und Pflanzen-Arten—die Schranke auch hierfür gegeben ist. So würden Reis und Taback und andere Culturpflanzen in allen Monaten wachsen und reifen können; aber der Mensch zwingt beide in eine Periode hinein, welche ihm bei möglichst geringer Arbeit die möglichst grosse Erndte verspricht. Ebenso ist es bei den Insecten. Auch bei ihnen hat die Natur die Entwickelung an bestimmte Wärme- und Feuchtigkeits-Grade geknüpft, welche in den Tropen zu jeder Zeit gegeben zu sein scheinen; und daher sieht man denn auch auf den Philippinen die Mehrzahl derselben in allen Monaten so ziemlich in der gleichen Specieszahl, aber in verschiedener Individuenzahl auftreten. Der Eintritt der Regenmonate bringt hier eine auffallende Steigerung der Insectenmenge hervor. Es scheint dieses in der sehr verkürzten Lebensperiode zu liegen, welche hier den Insekten eigen ist und in einem Jahre zahlreiche Generationen hervorzubringen vermag. Selbst die grössten Schwärmer (Sphinx) und andere Nachtschmetterlinge welche bei uns oft eine mehrjährige Puppenruhe aufweisen, leben als P u p p e nie länger, als 18–25 Tage. Der ganze Lebenscyclus des Papilio Pammon L. vollendet sich in 30–40, der von Danais chrysippus L. in 20–25, der von Taragama Ganesa Lef. in 30–40 Tagen (Georg Semper, Beiträge zur Entwicklungsgeschichte einiger ostasiatischer Schmetterlinge in Verhandl. d. zool. Gesellschaft in Wien 1867. Sitzung 7. August.)

In Bezug auf Chaerocampa Oldenlandiae, eine Sphinx, habe ich in dieser Beziehung eine Anzahl Beobachtungen aus meinen

Tagebüchern mitzutheilen. Ich fing den S c h m e t t e r l i n g, obgleich nie häufig, in den Monaten Juni bis October incl. und dann wieder im Januar und Februar; gezüchtet aus der Raupe wurde derselbe, so dass das Erscheinen der ausgekrochenen Thiere in dieselben Monate fiel. Die P u p p e n r u h e nun dauerte (Georg Semper l. c. pag. 4) in M a n i l a 24–25 Tage, in B o h o l nur 18–21 Tage, in Sydney dagegen vom März bis November, also v o l l e 8 M o n a t e. Die Puppe von Taragama Ganesa ruht ebenfalls in Manila länger als in Bohol, nemlich dort 20 Tage, hier nur 10–15; ferner die von Chaerocampa alecto in Luzon 24 Tage, in Bohol 16, die Puppe von Chaerocampa celerio in Manila 17–18 Tage.

Hier scheint nun die ungemein beschleunigte Ausbildung der Imago gegen die Tropen hin anzudeuten, dass eine Vermehrung der Wärme die Entwicklung begünstigt, ein Satz, der längst festgestellt ist. Aber doch zeigt der Gegensatz zwischen Bohol und Manila, deren mittlere Monatstemperatur so ziemlich die gleiche ist, dass wohl auch noch andere Momente mit einwirken mögen, obgleich ich hierauf nicht allzuviel Gewicht legen will, weil ich eine Beobachtung der Zimmertemperatur, in welcher die Raupen erzogen worden, unterlassen hatte. Dass diese kurzen Beobachtungen überhaupt hier mitgetheilt worden, hat seinen Grund in der Hoffnung, dadurch vielleicht den einen oder andern in tropischen Ländern lebenden Naturforscher zu ähnlichen Versuchen anzuregen. Dem Satze, »dass eine bestimmte Periodicität in der Entwicklung der Gliederthiere um so mehr hervortritt, je schärfer der Wechsel der Jahreszeiten ausgeprägt ist« (Gerstäcker in Bronn's Thierreich Bd. 5 pag. 238), möchte ich als nothwendige Erläuterung den anderen hinzufügen, "dass um so mehr sich diese Periodicität verwischt, je mehr bei steigender Wärme und Feuchtigkeit G l e i c h m ä s s i g k e i t des Klima's eintritt". Dies ist auf allen Inselgebieten in der Nähe des Aequators der Fall, und hiernach möchte ich die Vermuthung aussprechen, dass auf den Inseln des stillen Ocean's so gut wie gar keine eigentliche Insectenzeit stattfinden kann und dass hier die Lebensperiode der Individuen sich in der allerkürzesten mittleren Zeit vollenden muss. Auf den Philippinen ist dies nur annähernd der Fall. Gänzlich emancipirt haben sich alle Thiere der philippinischen Meere von dem Wechsel der Wärme; denn zu allen Zeiten findet man dort dieselben Arten von Echinodermen, Mollusken, Würmern u. s. w. in allen Stadien der Ausbildung und in voller geschlechtlicher Function. Auch die Landmollusken haben mir dasselbe Resultat geliefert; und wenn ich auch während der Regenzeit leichter die Schnecken in grösseren Mengen erhielt, so lag dies nicht darin dass sie nun aus einem durch Trockenheit oder Kälte bedingten Winter- (oder Sommer-) Schlaf erwachten, sondern vielmehr in ihrem Bestreben, sich durch rasches Umherkriechen der allzugrossen Feuchtigkeit zu entziehen. Wenn ich auch in der trockensten Zeit nur hinreichend ihren Schlupfwinkeln nachspürte, so gelang es mir immer, Schnecken in Begattung, und zugleich Eier, Junge und halberwachsene aufzufinden. Von der Helix (Cochlostyla) metaformis Sow. bewahre ich ein Pärchen, das ich dicht bei Manila während des Monates Februar, also im trockensten Monat, in einem gar nicht sehr schattigen Garten "in copula" gefangen habe. Die dortigen Helix-Arten der Gruppe Obba findet man am Tage immer an den Baumstämmen in Spalten und Ritzen oder an der Schattenseite derselben sitzen; bei Nacht aber und am frühen Morgen kann man sie in aller Lebendigkeit beobachten. Winterdeckel, wie unsere europäischen Heliceen—oder Sommerdeckel, je nachdem die Zeit der Trockne dort in den Winter oder in den Sommer fällt—finden sich bei keiner einzigen der dort lebenden Gruppen, mit einziger Ausnahme der Gruppe Dorcasia. Die philippinischen Arten dieser Untergattung sind aber einer europäischen Art so nahe verwandt, nemlich der Helix fruticum, dass sie wohl mit dieser von dem gemeinsamen Stammvater die gleiche Gewohnheit überkommen haben mögen. Da sie immer, wie schon Cuming bemerkte, in der Erde halb eingegraben leben, zwar niemals sehr tief, aber auch nie an Bäumen oder am Gemäuer und Felsen in die Höhe kriechen, so ist einleuchtend, dass sie gerade hier eines solchen Schutzes gegen die Trockenheit bedürfen, mehr als die an Bäumen lebenden Arten, welche bei ihrer Lebensweise im Thau des Morgens hinreichende Feuchtigkeit einzusaugen vermögen.

Anmerkung 6. Ich erinnere mich, kürzlich in irgend einer englischen Zeitschrift einen Aufsatz gelesen zu haben, in welchem nachzuweisen versucht wurde von einem Beobachter der lebenden Thiere in Indien, dass in der That diese bisher immer als Wasserreservoire angesehenen Höhlungen am Kopfe wirklich zur Luftathmung derselben während ihres Lebens auf dem Lande dienen sollen. Ich bin leider mit meinen zoologischen Notizen— wegen Mangels an Platz—etwas in Unordnung gerathen, so dass ich kein Citat für diese Bemerkung zu geben vermag.

Anmerkung 7. In früheren Zeiten scheint dies allerdings

161

anders gewesen zu sein. Wenigstens machen gewisse Stellen in diesen Sümpfen durchaus den Eindruck, als müssten hier früher ständige Bewohner gelebt haben, welche auch dies Gebiet in regelmässiger Weise bebauten; es sprechen dafür die mitunter fast dammartig aussehenden Ufer des Agusan und seiner Nebenflüsse, dann eine Anzahl Pflanzen, welche sonst nur in der Nähe von Feldern oder Dörfern vorzukommen pflegen, so namentlich eine sehr stachelige Bambusart. Es ist dieselbe Species, welche noch heutigen Tages in vielen Landbaudistricten zur Einzäunung der Zuckerrohrplantagen und der Felder überhaupt benutzt wird, da sie so dichte stachelige Hecken bildet, dass dadurch der wirksamste Schutz gegen die Wildschweine erreicht wird.

IV. Skizze.—Die Negrito's und die heidnischen malaiischen Stämme.

A n m e r k u n g 1. Es mag hierbei auf die Steinbeile hingewiesen werden, welche, wie es scheint, nicht gerade selten in Java und der Malaccahalbinsel gefunden werden (Siehe Journal of the East Indian Archipelago Bd. 5 pag. 84). Die hier angezogene Notiz nimmt Bezug auf einen Artikel in der »Natuurkundig Tijdschrift voor Nederlandsch Indië«. Da ich aber den betreffenden Band derselben leider nicht habe einsehen können, so kann ich auch nicht entscheiden, ob und welcher von den dort abgebildeten Aexten die von mir im Centrum Mindanao's aufgefundene entspricht. Logan, der gelehrte Herausgeber des J. E. I. A., benutzt die Thatsache ihrer Auffindung zur Stütze seiner Behauptung, "es seien die ältesten Bewohner Java's von afrikanischer oder indo-afrikanischer Ableitung" (l. c.), zu welchem Schluss er durch Aehnlichkeiten der Sprachbildungen gekommen sein will. Hierüber kann ich nicht urtheilen. Wohl aber scheint festzustehen, dass diese Steinbeile wirklich einem seit uralten Zeiten schon verschwundenen Stamme angehört haben müssen; denn in Java und in Malacca werden sie D o n n e r k e i l, in Mindanao Z ä h n e des personificirt gedachten Blitzes genannt, zum Beweise, dass bei allen diesen malaiischen Racen sich die Erinnerung an eine frühere Steinperiode ihres eignen —oder eines fremden—Stammes gänzlich verloren hat. Die Wahrscheinlichkeit spricht dann allerdings dafür, dass diese Urrace des hinterindischen Inselgebietes mit den jetzt lebenden Papua's nahe verwandt gewesen sein müsse.

A n m e r k u n g 2. Es mag mir hier vergönnt sein auf einige Irrthümer hinzuweisen, welche sich in Häckel's neuestem Werk in das Capitel über die Negerstämme eingeschlichen haben. Bei der grossen Bedeutung seiner wissenschaftlichen Ansichten und der weiten Verbreitung, welche das Buch "Natürliche

Schöpfungsgeschichte" ohne Zweifel finden wird, dürfte die Gefahr nahe liegen, dass falsche Ansichten und positive Irrthümer, darin niedergelegt, auch leichten Eingang in die weitesten Kreise finden möchten.

Zunächst ist es falsch, wenn Häckel die negerartigen Bewohner der Philippinen und andrer Inseln des hinterindischen Gebietes in eine Gruppe der glatthaarigen Neger, also in dieselbe Categorie mit den Bewohnern Australien's stellt, aber von den kraushaarigen Papuas abtrennt. Es scheint dieser Irrthum—der sich übrigens schon früher in dem populären Werke von Dr. Friedrich Rolle »der Mensch, seine Abstammung und Gesittung im Licht der Darwin'schen Lehre, Frankfurt 1866«, pag. 238 findet—durch einen in Prichard's Werk Bd. 4 pag. 231 übersetzten Bericht des Bernardo de la Fuente entstanden zu sein. Dieser spricht sowohl von kraushaarigen, als von glatthaarigen Negern Luzon's. Nun sind aber die als Agta oder Negrito's bezeichneten Neger der Philippinen ausnahmslos kraushaarig, wie die älteren spanischen Autoren sehr wohl wissen. Ich selbst kenne sie aus eigner Anschauung von verschiedenen Orten. Es kann also über die Anwesenheit solcher kraushaariger Neger kein Zweifel bestehen, und ich kann hinzusetzen, dass sie in Lebensweise, Sitten und physischem Verhalten sich den echten Papua's entschieden nähern.

Was nun die andern von de la Fuente erwähnten Neger mit vollkommen schwarzen langen Haaren betrifft, so ist sein Zusatz, "man halte sie für Abkömmlinge der Malabaren" (Prichard Bd. 4) völlig genügend, um ihnen das Bürgerrecht unter den echten Negern, selbst unter den Verwandten der Australneger, völlig zu nehmen; ausserdem aber sagt Prichard, man bezeichne die Neger auch als "Igalotes". Dies mag von Prichard aus einem alten spanischen Buche oder aus de la Fuente richtig citirt sein, ist aber nichtsdestoweniger vollkommen falsch, denn die Igolotes oder Igorrotes haben nichts von Negern, sondern sind dunkelbraune Stämme des Nordwestens von Luzon, die entschieden malaiischen Ursprunges sind. Nun gibt es aber freilich einige Stämme in Luzon und Mindanao, welche dunkler als die olivenfarbigen Malaien sind und häufig neben dem hohen Schädel und dem runden Gesicht des dortigen Negers braunschwarze glatte Haare besitzen, aber dies sind entschiedene Mischlingsracen zwischen den Malaien und den eigentlichen kraushaarigen Negritos. Man trifft unter ihnen sowohl kraushaarige Individuen mit malaiischem Typus des Kopfes und der

164

Gesichtsfarbe, wie auch dunkelbraune negerartig aussehende mit glattem, bald duffem, braunschwarzem, bald glänzend schwarzem Haar. Sie stehen ausnahmslos mit den umwohnenden christlichen oder heidnischen Malaien im Verkehr. So erzählten mir die Mamanua's, eine dieser Mischlingsracen, an der Nordküste von Mindanao, nicht weit von Butuan, dass sie sich selbst noch mit den Christen dort verheirathen, welche letzteren dann immer zu ihnen kommen und die gleiche unstäte Lebensweise annehmen.

Ein andrer in Pangasinan in der Centralebene Luzon's lebender Stamm wird von dem Padre Mozo (Misiones de Philipinas 1763 pag. 101) als Negerstamm beschrieben, aber blos der dunklen Hautfarbe wegen: dieser nennt sich "Baluga" d. h. nach der Bedeutung des Wortes im Tagalischen "mestizo negro, schwarzer Mestize", also entweder ein Mischling zwischen Neger und Malaien, oder ein Mestize—unbestimmt gelassener Beimischung— mit schwarzer Hautfarbe. Ich habe auch diese Balugas gesehen, und glaube versichern zu können, dass sie entschiedene Mischlinge zwischen Tagalen und echten Negrito's sind. Nicht alle von den Spaniern sogenannten Negrito's sind dies wirklich (s. Schetelig, On the Natives of Formosa in Trans. Ethnogr. Society of London Vol. 7 pag. 12), und ich wiederhole, dass alle sogenannten glatthaarigen Neger der Philippinen entweder Malaien mit etwas dunklerer Hautfarbe, oder Mischlinge zwischen Malaien und echten Negrito's sind. Wer sich über die Papuas und ihre weite Verbreitung über den hinterindischen Archipel genaue Kenntniss verschaffen will, findet leichte Befriedigung in dem trefflichen Buche von G. Windsor Earle "The Native Races of the Indian Archipelago. Papuans. London 1853". Pritchard's Werk ist in dieser Beziehung jedenfalls etwas veraltet.

Dann muss ich mich auf das Entschiedenste dagegen erklären, die Bewohner Australien's nach der Andeutung Prichards (Bd. 4 pag. 270) jetzt als Harafura's oder Alfuru-Neger zu bezeichnen (Häckel l. c. p.). Einmal scheint Harafura oder Alfuru ein portugiesisches Wort zu sein, i. e. "freigelassener Sclave". Mit diesem Namen bezeichneten die Portugiesen in Amboina die freien Stämme des Innern (G. Windsor Earle in Journ. East Ind. Archipl. Vol. IV. 1850 pag. 2). Selbst wenn er aber auch nicht portugiesischen, sondern östlichen Ursprungs sein sollte, so würde er keinenfalls auf die glatthaarigen Australier angewandt werden können, sondern höchstens auf die kraushaarigen—also zu den Papuas gehörigen—

Neger in der Nähe der Molucken. Auch d'Urville beschreibt die Harfur's vom Arfak-Gebirge in Neu-Guinea als kraushaarig. Durch die Naturforscher der verschiedenen Regierungs-Expeditionen sowohl, wie durch confuse Berichte anderer Seefahrer ist die Frage, was die Harafura's eigentlich für ein Stamm sind, in eine so gründliche Confusion gebracht worden, dass man am Besten thut, den gordischen Knoten zu zerhauen, indem man den Namen einfach fallen lässt, oder ihn wenigstens so einschränkt, wie es neuerdings Bastian in der Karte zu seinem Buche "Ueber das Beständige in den Menschenracen, Berlin 1868" gethan hat. Dieser treffliche Ethnologe deutet ferner auch durch die dort gebrauchte Bezeichnung "Alfuru-Neger" und durch die Einordnung derselben in die Gruppe "Austral-Neger mit Papuas" an, dass ihm (l. c. pag. 271) beide Formen des Australnegers, die kraushaarige und die glatthaarige, sehr nahe mit einander verwandt zu sein scheinen. Eine so weitgehende Trennung der beiden Gruppen aber, wie sie Häckel vornimmt, wird durch keine aus dem physischen wie geistigen Zustande der dahin gehörigen Völker bekannte Thatsache gerechtfertigt werden können; und dies um so weniger, als man es hier ebensowenig, wie irgendwo sonst, mit ethnologisch reinen, von Beimischungen freigebliebenen Racen zu thun hat.

Anmerkung 3. Es ist hiernach nicht mehr ganz richtig, wenn d'Urville (s. Prichard Bd. 4 pag. 268) und jetzt auch noch Earle (Journal E. I. Archipel. Bd. 3, 1849 pag. 686) angeben, dass die östlichen Negerracen, Papuas oder Australier, sich nie tättowiren; denn in der That ist, wie alle Reisende richtig und übereinstimmend bemerken, diese letztere Weise des Schmückens des Körpers ganz verschieden von der Erzeugung langgestreckter Narben durch schneidende Instrumente. Auch die, sicherlich durch Papua's und Malaien hervorgebrachten Mischlingsracen der Pelew-Inseln (Carolinen) tättowiren sich, haben also viel früher jene Sitte der Papua's, als ihren Körperbau und andere Merkmale verloren. Beide Gebräuche, im Aussehen der hergestellten Muster und ihrer Anwendung so verschieden, verdanken doch wohl ihren Ursprung dem gleichen psychologischen Bedürfnisse, dem der Ausschmückung, der Verschönerung des eignen Körpers.

Anmerkung 4. Siehe meinen ausführlicheren Bericht über diese Stämme in der Zeitschrift für die gesammte Erdkunde Bd. 10 p. 249–266.

Anmerkung 5. Es scheint jetzt allerdings eine Thatsache zu sein, dass der eigentliche Dialect der philippinischen Neger verloren gegangen ist, wie Prichard (l. c. pag. 232) auf die Autorität verschiedener Autoren gestützt angibt. In einem kleinen Wortregister, welches ich an der Ostküste von Luzon zu sammeln Gelegenheit hatte, und das ich in meinem Reisewerke ausführlich zu publiciren gedenke, finden sich trotz der grossen Uebereinstimmung mit dem Tagaloc und einigen andern Dialecten doch einzelne abweichende Worte. Ich würde dies kaum hervorgehoben haben, wenn ich nicht in dem schon erwähnten spanischen Buche des Padre Mozo (Misiones de Philipinas p. 101) die beachtenswerthe Notiz gefunden hätte, dass alle die Negerracen der verschiedenen Inseln die gleiche Sprache sprächen, im Gegensatz zu den malaiischen Stämmen mit ihren zahlreichen Dialecten. So sehr interessant und wichtig es nun auch sein würde, etwaige Reste der ursprünglichen philippinischen Negersprache vor dem gänzlichen Untergange zu retten, so würde hiezu doch eine Opferfreudigkeit und Entsagung gehören, wie ich sie mir so wenig, wie irgend einem andern Menschen zutraue. Mehr als einige sparsame Worte dieser Sprache werden wir durch Reisende nie erwarten können; und die spanischen Pfaffen sind jetzt weniger als je geneigt, diesem verkommenen Menschenstamm einige Aufmerksamkeit zuzuwenden.

Anmerkung 6. Die Ylungut oder Ylongotes, wie die Spanier schreiben, sind Stämme malaiischen Ursprungs, welche in der östlichen Cordillere zwischen Baler und Casiguran leben. Sie gehören mit zu den wildesten Stämmen des Landes, und sie stehen mit den Christen sowohl, wie mit den nahe wohnenden Negrito's in beständiger Fehde.

Anmerkung 7. Eine Schätzung der Zahl der Negrito's ist von Mallat versucht worden, der sie auf 25000 angibt (Mallat, les Philippines Bd. II p. 94). Dies wird jedenfalls sehr übertrieben sein. Zu Legaspi's Zeiten (1570–1580) freilich muss die Zahl derselben noch eine sehr grosse gewesen sein. Sie werden in dieser Zeit noch als ausschliessliche Bewohner der Insel Negros erwähnt, und auch in Cebú sowie in Panay lebten damals noch sehr zahlreiche Negrito's dicht neben den von Malaien bewohnten grösseren Städten. Auf beiden Inseln sind sie seit Langem spurlos verschwunden. S. Gaspar de S. Agustin pag. 95; Chirino, Relacion etc. pag. 24.

Anmerkung 8. Siehe meinen Bericht in der Zeitschrift für die gesammte Erdkunde Bd. 13 pag. 81–97 und das Tagebuch des D. G. Galvey, welches in dem Werke des D. Sinibaldo de Mas Band I, Artikel Poblacion pag. 43 sqq. abgedruckt ist "Informe sobre el Estado de las Islas Filipinas en 1842".

Anmerkung 9. Im Visaya-Dialect heisst busauang "Strom von Wasser, Blut etc.; die Partikel tag wird vor Substantivwurzeln gesetzt, um die Herrschaft über dasselbe anzudeuten; hiernach wäre die Bedeutung des Wortes wohl so zu geben »der Gott (Herr) des Blutstromes" d. h. Gott des Krieges. Ihm ist die r o t h e Farbe geheiligt, die der muthige Krieger nur dann anlegen darf, wenn er eine bestimmte Zahl von Feinden erschlagen hat. (Padre Combes, Historia de Mindanao pag. 54.)

Anmerkung 10. Es ist oben in Anmerkung 5 die Quelle angegeben, der ich diese interessante Notiz entnommen habe.

Anmerkung 11. Man hört auf den Philippinen jetzt häufig sagen, die Priester hätten den Eingebornen nicht blos Kunst und Industrie, sondern auch sogar den Reisbau gebracht. Es ist eine von allen älteren spanischen Autoren anerkannte Thatsache, dass die Bewohner Luzon's sowohl wie der Visaya's bei der Ankunft von Magellanes nicht blos den Reis zu eignem Bedarf bauten, sondern auch als Handelsartikel benutzten. S . M a r t i n e z d e Z u n i g a, Hist. de Philip. Bd. I pag. 12; C o m b e s , Historia de Mindanao p. 6 etc. Wenn man die einzelnen, in den verschiedenen Autoren zerstreut liegenden Bemerkungen über den Zustand des Handels vor Ankunft der Spanier zusammenfasst, so gewinnt man ein ganz anderes Bild von dem Verkehr der dortigen Völker, als man es nach den Darstellungen der neueren Autoren sich bildet. Pigafetta erzählt —ich citire nach der französischen Ausgabe des Jahres 1801 von Charles Amoretti—, dass alljährlich 6 oder 7 Dschonken aus dem Lande der Lequii nach Luzon kamen (pag. 134). In Borneo trifft Pigafetta (pag. 146) den Sohn des Königs von Luzon, der als Feldherr des Königs von Borneo die Bewohner von Laoe an der Westküste Borneo's bekriegt hatte, weil sie lieber die Oberherrschaft eines Königs von Java, als die des Sultan's von Borneo anerkennen wollten. Die von ihm pag. 150 aus Borneo mitgetheilten Bemerkungen über Gewichte und Geld deuten auf einen sehr regen Verkehr mit den Chinesen hin; und der P. Gaspar de S. Agustin erzählt in seiner "Conquista de las Islas Filipinas", dass chinesische Schiffe in den grossen Fluss von Mindanao—d. h. den bei Cota Batto an der Südküste mündenden Fluss—zum Handeltreiben einliefen. Die bedeutendste Stelle ist die auf pag. 96 des letztgenannten Werkes, woraus hervorgeht, dass nur die grösseren chinesischen Dschonken nach Manila kamen, von hier aus aber die mitgebrachten chinesischen Waaren in kleineren Schiffen nach Borneo und den philippinischen Inseln gebracht wurden. Auf dem Rückwege nahmen sie dann die von den Chinesen und Siamesen gesuchten Waaren mit, nemlich Sclaven, Gold, Wachs und Kaurisschnecken, sowie weisse Tücher—wohl solche, wie sie noch heutzutage aus den Fasern der Musa textilis gewoben werden—, die nun mittels der grösseren Schiffe nach China hingebracht wurden. Also schon lange vor der christlichen Periode war Manila ein Stapelplatz für chinesische Waaren, ein Emporium des chinesisch-malaiischen Handels.

V. Skizze.—Die Muhamedaner und der Anfang der christlichen Periode.

Anmerkung 1. Siehe Martinez de Zuniga pag. 69–71. Gaspar de S. Agustin pag. 95–96. ibid pag. 108. Pigafetta pag. 146.

Anmerkung 2. Siehe Martinez de Zuniga pag. 196–196. Die Geschichte der Kriegsführung zwischen Spaniern und Muhamedanern ist nicht ohne einiges Interesse. Leider ist man gezwungen, hier wie überall, auf die voluminösen Geschichtswerke der geistlichen Corporationen zurückzugehen, da das einzige meines Wissens existirende Specialwerk über diesen Gegenstand "D. Emilio Bernaldez, Resena historica de la Guerra al Sur de Filipinas" durchaus einseitig abgefasst und eigentlich nur für den spanischen Militair wichtig ist, welcher vielleicht einmal an die Spitze einer Expedition gegen die Moro's gestellt werden könnte. Trotz der vielen Kriegszüge nach Joló, trotz der Einnahme von Balanguingui im Jahre 1851 und obgleich die schwerfälligen Segelschiffe der Christen in den letzten Jahren durch Dampfkanonenböte ersetzt wurden, ist es den Spaniern auch bis auf den heutigen Tag nicht gelungen, die Piraterie im Süden der Philippinen auszurotten. Ich selbst wäre gewiss noch 1864 an der Ostküste Mindanao's in die Hände der Moros gefallen, wenn irgend ein Umstand meine Abreise aus Bohol um 8–14 Tage verzögert hätte. Obgleich damals die in Cebú stationirten Dampfschiffe rechtzeitig durch den Gouverneur von Surigao Kenntniss von der Anwesenheit der Piraten erhalten hatten, so liefen diese doch so spät aus, und gaben sich bei ihrer Verfolgung so wenig Mühe, dass die Moro's ganz ruhig mit ihrer Beute nach Hause gelangen konnten.

Anmerkung 3. Man hört häufig sagen, und man liest es in allen neueren Werken der Spanier über die Philippinen, es seien die Priester ununterstützt durch die Macht der Waffen, an ihr Werk der

Bekehrung gegangen. Es war Juan de Salcedo mit seinen Soldaten, welcher den Priestern den Weg nach dem Norden von Luzon durch die Gewalt der Waffen bahnte. Padre Combes sagt in seiner Historia de Mindanao p. 84: "die PP. Juan del Campo und Juan de S. Lucar hätten sich, da ohne die nöthige Unterstützung durch die Waffen, nach der Caldera (dicht bei Zamboanga) zurückziehen müssen". Und Gaspar de S. Agustin p. 163 sagt: "als die Indier sahen, dass sie nirgendwo sicher vor den Spaniern waren, kamen sie von vielen Ortschaften nach Cebú, um Frieden zu machen." Er sagt dies, nachdem er erzählt hat, wie Legaspi schon im Jahre 1564, wenige Monate nach seiner Ankunft, Expeditionen zur Züchtigung verschiedener Stämme nach dem Norden und Osten von Mindanao ausgeschickt hatte.

Anmerkung 4. Nach Pigafetta p. 119 waren schon durch Magallanes die Bewohner von Cebú im Jahr 1521 zur Entrichtung eines festbestimmten Tributes gezwungen worden.

Anmerkung 5. Hierfür nur eine Stelle des Gaspar de S. Agustin p. 143: "Und die Fürsten (los Principales) sagten, dass er (Legaspi) ganz handeln möge, wie Herr und Gebieter; denn sie wären nun treue Vasallen des Königs geworden, und sie bäten ihn nun, dass er ihnen die Plätze anweisen möchte, wo sie ihre Ortschaften neben denen der Spanier hinbauen sollten."

VI. Skizze.—Die neueste christliche Zeit.

Anmerkung 1. Ich habe im Texte absichtlich die starken Ausdrücke gemildert, in welchen zahlreiche spanische Autoren sich über das im 17. und 18. Jahrhundert befolgte System der Regierung dieser Colonie aussprechen. Ich übersetze einige Stellen aus D. Sinibaldo de Mas "Informe sobre el Estado de las Islas Filipinas en 1842, Madrid 1843", pag. 199: "Kurz nach den ersten Zeiten, sagt der Duque de Almodovar, des Glaubenseifers und des Ruhmes der Eroberung bemächtigte sich der Gemüther ein niedriges und übel angewandtes Interesse. Die grosse Mehrzahl der Leute, die später nach jenen entfernten Gegenden gingen, pflegten dem Auswurf der Nation anzugehören (solian ser de las heces de la nacion)". Und D. Tomas de Comyn schrieb 1810: "In der That sieht man sehr häufig einen Friseur oder den Lakaien eines Gouverneurs, einen Matrosen oder einen Deserteur sich plötzlich in einen Alcalden oder einen Militär-Gouverneur eines volkreichen Districtes verwandeln."

Anmerkung 2. Die Entstehung dieses Wortes ist gänzlich unklar. Alle neueren Autoren behaupten, es sei das barangay,— womit man die aus 40–50 Familien bestehende tributzahlende Gesammtheit bezeichnet—eine alte aus der heidnischen Zeit überkommene Einrichtung. Nun findet sich aber dies Wort in solcher Bedeutung nicht in den älteren Geschichtswerken, und es ist mir völlig unklar, auf welche Autorität sich Buzeta, Maliat, Mas und andere Autoren stützen, wenn sie behaupten, dass das barangay ursprünglich die Menge bezeichnet hätte, welche in einem ihrer grossen Boote, den sogenannten b a r a n g a y, bei ihrer Einwanderung auf den Philippinen angekommen sein sollen. Ohne eine bestimmte Angabe der ältesten Chronisten der Philippinen hierüber wird sich kaum entscheiden lassen, welche von beiden Bedeutungen des Wortes die abgeleitete sei. In diesem Institut des barangay liegt der eigentliche Schwerpunkt der philippinischen

172

Communalverwaltung.

A n m e r k u n g 3. Der Padre Gaspar de S. Agustin schrieb 1698
(l. c. p. 12): »Man kann sicher annehmen, dass die Bewohner sich
nicht aus religiösem Gefühl (devocion) und wirklicher Kenntniss
dessen, was sie empfingen, taufen liessen, sondern weil ihnen dies
das Symbol des Bündnisses und der Freundschaft mit den Castiliern
zu sein schien.

A n m e r k u n g 4. Ich verweise in dieser Beziehung auf die
kurzen in Anmerkung 11 der IV. Skizze gemachten Angaben.

A n m e r k u n g 5. Man liest in allen neueren Büchern, dass die
Real Compania de Filipinas 1785 errichtet wurde (Nopitsch,
kaufmännische Berichte gesammelt auf einer Reise um die Welt,
Hamburg 1849, p.78). Dies ist nicht ganz richtig. Aus der vom 10.
März 1785 datirten "Real Cedula de Ereccion de la Compania de
Filipinas" geht hervor, dass schon Philipp V. am 29. März 1733
einer zu gründenden Compania de Filipinas bedeutende Prärogativen
für den directen Handel nach und von Manila gegeben hatte. Trotz
der von der Regierung selbst zwischen 1733 und 1778 öfter
unternommenen Handelsexpeditionen nach Manila scheint die
Compania gar keine oder nur unbedeutende Geschäfte gemacht zu
haben. 1785 nun ging die Compania de Caracas zu Ende, und diese
Gesellschaft übertrug nun ihre Thätigkeit auch auf die Philippinen
unter dem Titel der Real Compania de Filipinas. Ihr stand nicht blos
das Recht zu, directen Handel zwischen Spanien und den
Philippinen zu treiben, sondern sie durfte auch von America aus
Waaren nach Manila, China etc. führen, ja es war ihr sogar erlaubt,
chinesische Manufacturwaaren auf dem Umwege über einen
spanischen Hafen im Mutterlande nun auch in Neu-Spanien
einzuführen, da sie jetzt als spanische Waaren betrachtet wurden (s.
die erwähnte Cedula vom Jahre 1785 p. 27.) Gänzlich untersagt
war ihr jedoch der directe Handel zwischen Manila und Acapulco,
ein Verbot, das nur gegeben worden war, um den Handel des
Mutterlandes mit den Colonien in Amerika nicht zu beeinträchtigen.
(S. ebenda p. 20.)

A n m e r k u n g 6. "Tribunal" auch "Casa Real" wird das in jedem
Dorfe befindliche Gemeindehaus genannt, in welchem der
Gobernadorcillo mit seinen Tenientes etc. ihre Amtshandlungen
vornehmen. Es dient zugleich als Gerichtshof und Gefängniss, wie

auch als Wirthshaus; und öfters habe ich auf meinen Reisen in
demselben Raume mit krummgeschlossenen Gefangenen
zusammen die Nächte zubringen müssen.

In **A. Stuber**'s Buchhandlung sind ferner erschienen:

Forel, Dr. F. A., Beiträge zur Entwickelungsgeschichte der Najaden. 20 ngr. oder fl. 1. 12 kr.

Geigel, Dr. A., Prof., Geschichte, Pathologie und Therapie der Syphilis. Rthlr. 2. oder fl. 3. 30 kr.

Grübel, J. V., geographisch-statistisches Handlexicon über das Königreich Bayern. Zweite wohlf. Ausgabe. 26 ngr. oder fl. 1. 30 kr.

Munde, Dr. Chl., The Bancroft Naturalisation Treaties with the German States the United States Constitution and the Rights and Privileges of Citizens of foreign Birth. 20 ngr. oder fl. 1. 12 kr.

Nies, Dr. F., Privatdocent, Beiträge zur Kenntniss des Keupers im Steigerwald. Mit 2 Holzschnitten und 2 lithographirten Tafeln. Rthlr. 1. oder fl. 1. 45 kr.

Das Paradoxon der Venus Urania. Geschrieben für Aerzte, Juristen, Geistliche und Erzieher, dann für Freunde der Anthropologie und Psychologie. 9 ngr. oder 30 kr.

Rossbach, Dr. Joh. Jos., Geschichte der Gesellschaft. Band I.: Die Aristokratie. Rthlr. 1. oder fl. 1. 45 kr.

——Band II.: Die Mittelklassen. Rthlr. 1. oder fl. 1. 45 kr.

Die "Geschichte der Gesellschaft" wird in 6 Abteilungen von je 15–20 Bogen stark, erscheinen und die Geschichte der Aristokratie, der Mittelklassen, des vierten Standes, die Geschichte des Socialismus, Communismus, der Berufsklassen, des Pauperismus, die sociale Frage, die Entwickelungs-Gesetze der Gesellschaft, Credit- und Genossenschaften, Staat und Gesellschaft &c. enthalten.

Das Manuscript ist vollständig vorhanden und werden die folgenden Bände in kurzen Zwischenräumen erscheinen.

Rückert, Dr. E., Die Pfahlbauten und Völkerschichten Osteuropa's, besonders der Donaufürstenthümer. Mit 1 Lithogr. 15 ngr. oder 54 kr.

Spiess, P., Die Rhön. Mit einer Karte. Rthlr. 1. 10 ngr. oder fl. 2. 20 kr.

"Eine sehr ausführliche, auf gründlichen Forschungen fussende Schilderung des Rhöngebirgs."

Umpfenbach, Dr. Karl, kgl. Prof., Die Volkswirthschaftslehre oder National-Oekonomik. Rthlr. 1. 10 ngr. oder fl. 2. 20 kr.

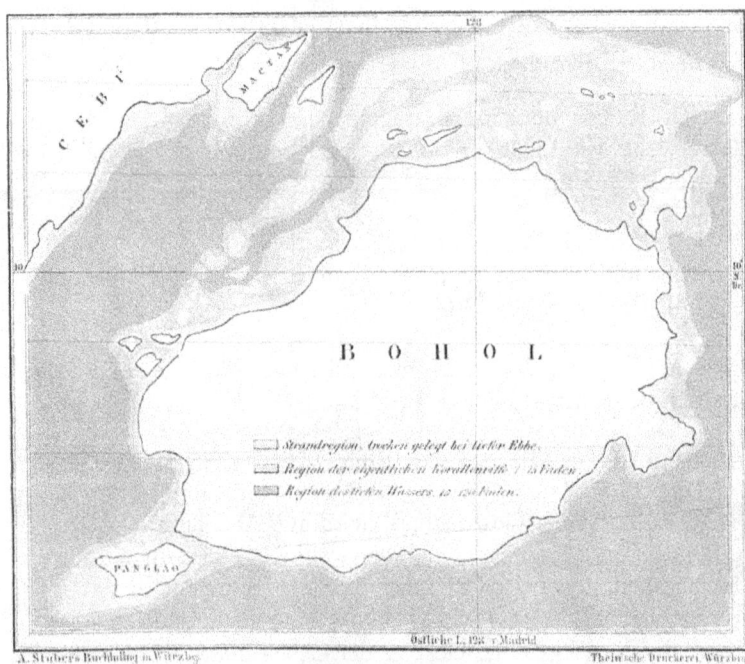

Karte von Bohol und den umliegenden Korallenriffen.

A. Stuber's Buchhdlng in Würzbg.

176

Thein'sche Druckerei, Würzbrg.

Karte der Philippinen.

F. F. Thein'sche Druckerei, Würzbg.

Inhalt